코뿔소의 외뿔처럼 혼자서 가라

숫타니파타 '코뿔소의 외뿔경'

코뿔소의 외뿔처럼
혼자서 가라

■이 깊어지면
■과 그리움이 생긴다
■과 그리움에는
■이 따르는 법
■으로부터 근심 걱정이
■는 줄 알고
■소의 외뿔처럼 혼자서 가라

물에 사는 물고기가
그물을 찢는 것처럼
모든 장애들을
끊어야 한다
불꽃이 불탄 곳으로
되돌아가지 않는 것처럼
코뿔소의 외뿔처럼 혼자서 가라

■ 있지 않은 사슴이
■ 초원을 찾아 거닐듯
■한 자라면 자유로운 삶을 찾아
■소의 외뿔처럼
■서 가라

탐욕 없이, 속임 없이, 갈망 없이,
위선 없이, 혼탁과 미혹을 태워버리고
세상의 온갖 바람에서 벗어나
코뿔소의 외뿔처럼
혼자서 가라

숫타니파타
'코뿔소의 외뿔경'

■으로 돌아다니지 말고
■ 해치려 하지 말고
■이나
■ 것으로 만족하고
■ 고난을 극복하여
■움 없이
■소의 외뿔처럼
■서 가라

널리 배워 가르침을
새길 줄 아는
고매하고 현명한
친구와 사귀어라
유익한 길을 분명히 알아
의혹을 제거하고
코뿔소의 외뿔처럼
혼자서 가라

허원당 무진 해설

■ 그대가
■고 단호한 동반자
■한 벗을 얻는다면
■한 난관들도 극복하리니
■게 마음챙김을 갖추어
■ 함께 가라

장엄한 코끼리가
그 무리를 떠나
마음대로 즐기며
숲속을 거닐듯,
코뿔소의 외뿔처럼
혼자서 가라

심미안

　나는 늦깎이 중(僧)입니다.

　환갑(環甲) 지난 다음 해에 중(僧)이 됐으니 늦깎이라고 하는 것입니다. 출가 이전부터 나름대로 불교 공부를 하면서도 반야심경, 금강경 등 대승경전을 중심으로 공부했습니다. 그리고 알지도 못하면서 초기 불교에 대해 무시하는 생각을 갖고 있었기 때문에 초기 불교경전에 대한 공부를 하지 못했습니다.

　그런데 3년 전쯤 좋은 인연을 만나 명상수행을 시작하면서 "숫타니파타"를 공부하게 됐고 거기서 코뿔소의 외뿔경을 만났습니다. 2천 7백여 년 전의 말씀인데 어쩌면 현대 수행자들에게 모두 맞는 말인지라 놀라지 않을 수 없었고 간결하고 쉬운 문장으로 구성되어 있으면서도 그 말씀 말씀 중에 깊은 뜻이 있음을 발견하고 감동하지 않을 수 없었습니다.

　그럼에도 불구하고 "코뿔소의 외뿔경"에 대한 해설서가 없는 것을 알게 되었습니다. 그래서 많은 수행자들에게 알리고 싶은 마음으로 여러 개의 불교 카페를 찾아다니며 글을 써 올렸습니다.

그것이 인연이 되어 해설서를 책으로 만들기에 이르렀습니다.

예전에는 다른 사람에게 알리기 위해 공부하고, 나름대로 경을 해설해 왔지만 지금은 매우 다릅니다.

다른 사람에게 알리기 위한 것이 아니라 나 자신에게 알리고 싶어서 이 책을 출간한다는 말입니다.

"코뿔소의 외뿔경"은 간결한 짧은 문장으로 알기 쉽게 말씀하고 있기 때문에 특별히 해설이 필요하지 않다고 생각할 수 있습니다. 그러나 그 알기 쉬워 보이는 말씀에 깊은 의미를 담고 있습니다. 그 깊은 의미를 끄집어내 나 스스로에게 보여주고 싶은 욕심이 있습니다.

그래서 본문을 소개하고 거기에 간단한 해설을 곁들이면서 그 말씀을 누가, 왜 그렇게 말씀하셨는지를 드러내는 연원을 실었습니다.

이 책은 다른 사람에게 가르쳐 주려는 것이 아니라 무명의 중생인 내가 나 스스로에게 가르쳐 주어서 스스로를 돌아보고 스스로 자기를 깨닫는 데 도움 되기를 바라는 수행의 기록입니다.

소리에 놀라지 않는 사자같이,
그물에 걸리지 않는 바람같이,
물에 때묻지 않은 연꽃같이
코뿔소의 외뿔처럼 혼자서 가렵니다.

차례

"코뿔소의 외뿔경"에 대하여……

불교 초기 경전 중에 "숫따니빠따" 혹은 "숫타니파타"라고 하는 경이 있습니다.

"숫타니파타"는 '경(經)'이라는 말의 숫타(Ⓟsutta)와 '모음(集)'이라는 뜻의 니파타(Ⓟnipāta)를 하나로 묶은 합성어입니다.

그래서 "숫타니파타"는 여러 가지 경(經)을 모아 엮은 경전(經典)이란 뜻입니다. 어떤 한 사람이 단독으로 쓴 것이 아니라 다양한 여러 사람들이 자신의 입장에서 쓴 말씀들 중에서 좋은 것만을 간추려 모아 만든 경(經)이란 뜻입니다.

"숫타니파타"에는 크게 ① 뱀의 장(蛇品), ② 작은 장(小品), ③ 큰 장(大品), ④ 여덟 편의 시(義品), ⑤ 피안에 이르는 길(彼岸道品) 등 5장으로 나뉘어 있으며 모두 72개의 경으로 구성되어 있습니다.

첫 번째 뱀의 장에 3번째로 들어 있는 경(經)이 "코뿔소의 외뿔경"입니다.

뱀의 장은 세속을 떠난 수행자가 깨달음으로 가는 길을 가르치고 있습니다. 뱀이 묵은 껍질을 벗어버리고 새로운 몸으로 자라는 것을 비유한 것입니다.

그중에서 "코뿔소의 외뿔경"은 출가 수행자의 덕목을 보여주면서, 격려하며, 수행자가 가져야 하는 자세 등을 시(詩)와 격언(格言), 속요(俗謠) 등으로 표현하고 있습니다.

특히 모든 단락의 끝부분에 "코뿔소의 외뿔처럼 혼자서 가라"는 구절을 반복하고 있는 것이 매우 독특합니다.

이는 모든 것은 자기로부터 나오고 모든 것은 자기가 만든 것이기 때문에 강한 의지를 가지고 스스로 자신을 알아야 한다고 다짐하는 것으로 생각할 수 있습니다.

그리고 '코뿔소의 외뿔이 하나인 것처럼, 홀로 연기법을 깨달은 사람(독각, 獨覺)도 그와 같다.'는 뜻도 있으며, 황야를 혼자 힘차게 달리는 코뿔소처럼 게으르지 않게, 용감하게 정진하라는 뜻도 있습니다.

"코뿔소의 외뿔경"은 상황이 서로 다른 연각불들이 자신들이 깨달은 경지를 노래로 아난다에게 들려주는 형식을 취하고 있습니다.

형식만 그럴 뿐 사실은 석가모니 부처님 이전부터 구전되어 왔던 것을 1차 결집에서 아난다에 의해 경으로 불리게 된 것입니다.

베나레스 근처의 리씨빠따나에서 살았던 연각불은 원래 500명이었다고 전해지고 있습니다.

그들은 12년 뒤에 정거천(淨居天, 성인이 난다고 하는 하늘)으로부터 부처님이 온다는 말을 듣고 각각 한 편씩의 시를 읊으며 리씨빠따나에서 사라졌는데 이 시들을 모은 것이 "코뿔소의 외뿔경"이라고 전해지고 있습니다.

그 말이 맞는다면 "코뿔소의 외뿔경"에는 500개의 시가 있어야 하는데, 실제로는 41개의 시로 구성되어 있습니다.

당시에는 문자가 없었기 때문에 입에서 입으로 전해지면서 사람들이 외우고 있었습니다. 그래서 사람들이 외우기 어려운 시가 점점 없어진 것이 아닌가 생각할 수 있습니다.

따라서 현재 남아 있는 41개의 시는 기억하기 쉽게 짧은 문장으로 되어 있을 뿐 아니라 이해하기 편하게 쉬운 말로 되어 있습니다.

"코뿔소의 외뿔경"에 나오는 말씀에는 냉정하고 인간미가 없는 것으로 느낄 수 있는 대목이 많이 있습니다.

그러나 수행자라면 이 정도의 확고한 신념은 가져야 한다고 생각할 수 있을 뿐만 아니라 냉정함과 확고한 신념은 보통사람들의 삶에서 보여지는 모습이라기보다 수행자의 마음가짐을 말하는 것입니다.

코뿔소의 외뿔경

제1장
살아 있는 모든 것들에게
폭력을 쓰지 말라

모든 살아 있는 것들에게 폭력을 쓰지 말고
살아 있는 그 어떤 것도 괴롭히지 말며
자녀도 가지려 하지 말라 하물며 친구들이랴!
코뿔소의 외뿔처럼 혼자서 가라

해설

폭력을 쓰지 말라는 것은 신체적 폭력과 언어적 폭력은 물론 정신적인 폭력도 쓰지 말라는 것입니다.

한마디로 악한 행동(惡行)을 하지 말라는 말입니다.

자녀조차 가지려 하지 말라고 했는데 여기서 자녀란 자기 자식을 포함해 양자, 제자들을 포함합니다. 이 말씀은 세상에 자기 것은 아무것도 없으니 무엇을 남기려 하지 말라는 뜻도 있습니다.

"코뿔소의 외뿔처럼 혼자서 가라"는 말은 끝없이 넓고 큰 광야를 누비는 강인한 코뿔소의 의지를 본받아, 하나의 뿔처럼 하나의 목표를 위해 강인한 용맹심을 갖고 수행하라는 뜻입니다.

연원

이 시는 브라흐마닷따라는 연각불이 지은 것으로 알려지고 있습니다.

과거불인 깟싸빠 부처님 시대에 그는 수행하는 승려로 2만 년 동안을 숲속에서 살았습니다. 그리고 다음 생에 베나레스 왕의 아들로 태어났습니다.

아버지가 죽자 왕이 되어 수도인 베나레스를 비롯해 2천여 개의 도시를 다스렸습니다.

그러나 그는 나라를 다스리는 것보다 조용히 앉아 두루채움의 수행(遍處修行, kasinaparikamma)을 좋아해서, 왕궁에서 홀로 명상에 들곤 했습니다.

어느 날 왕은 높은 누각에 올라 명상하다가 선정에 들었습니다.

그러는 동안 세수하고, 음식을 운반하는 등 심부름하는 하인 이외에 누구도 접근하지 못하게 했습니다.

그렇게 보름 정도가 지나자 그의 아내인 왕비는 무료해졌습니다.

그래서 한 대신을 자기가 사는 곳으로 불러들여 불륜을 저질렀습니다.

이런 일이 계속되자 다른 대신들에게 알려지게 되었습니다.

대신들은 중대한 범죄라고 생각하여 왕에게 그 사실을 보고했지만 왕은 믿지 않았습니다. 상소가 거듭되자 왕은 사실을 알아보도록 비밀리에 명령을 내렸는데, 신하들의 상소가 사실로 확인되었습니다.

왕은 왕비가 그런 행동을 한 것은 자기의 잘못도 있다는 생각으로 불륜을 저지른 대신에게 벌을 주지 않고, 재산도 빼앗지 않고 이웃 나라로 쫓아냈습니다.

그 대신은 재산을 가지고 다른 나라로 가서 그 나라 왕을 섬기며 환심을 샀습니다. 드디어 그 왕을 설득해 브라흐마닷따를 공격하도록 만들었습니다.

마침내 전쟁이 벌어졌습니다. 그러나 브라흐마닷따 왕은 생명을 죽일 수 없다며 전쟁을 피했습니다. 이 모습을 본 브라흐마닷따의 대신들은 왕에게 생명을 빼앗지 않겠다고 약

속하고 적을 습격하여 전쟁에서 승리했습니다.

그 와중에서도 브라흐마닷따 왕은 홀로 명상에 들어 자애
(慈愛. metta)를 계발하여 연각불이 되었습니다.

이 구절은 왕이 연각불이 된 후에 자기가 깨달은 것을 시
로 읊은 것으로 알려지고 있습니다.

제2장

사랑에서 근심이 생긴다

만남이 깊어지면 사랑과 그리움이 생긴다
사랑과 그리움에는 고통이 따르는 법
사랑으로부터 근심 걱정이 생기는 줄 알고
코뿔소의 외뿔처럼 혼자서 가라

해설

만남이 깊어지면 사랑과 그리움이 생깁니다.

사랑과 그리움에는 반드시 고통이 따르기 마련입니다.

그래서 우리 유행가에도 사랑은 눈물의 씨앗이라는 말이 있습니다.

이렇게 사랑으로부터 근심이 생기고 그리움에서 걱정이 생긴다는 것을 알아서 코뿔소의 외뿔처럼 혼자서 가라고 하십니다.

연원

이 시는 아닛티간다라는 연각불이 지은 것입니다.

과거불인 깟싸빠 부처님 시대에 그는 수행승으로 2만 년 동안을 숲속에서 살았답니다.

그리고 다음 생에 베나레스 왕의 아들로 태어났습니다.

그는 태어나면서부터 여자를 싫어해서 남장한 여인이 젖을 먹여야 할 정도였다고 전합니다.

왕은 왕자가 16세가 되자 혼인을 시키려 했습니다.

왕자는 결혼할 생각이 없었습니다. 그렇다고 부왕(父王)의 명령을 어길 수도 없자 한 가지 방법을 생각해 냈습니다.

왕자는 황금으로 아름다운 여인상을 만들어 놓고 이와 같은 여인을 발견한다면 그녀와 결혼하겠다고 말했습니다.

왕은 전국을 뒤져 마침내 맛다(Madda)국의 싸갈라에서 황금 조각상과 같이 생긴 16세 소녀를 찾아냈습니다.

그런데 사신들이 예물을 주고 결혼을 성사시켜 궁궐로 데려오는 도중에 황금 조각과 같이 생긴 신부감이 피로를 견디지 못하고 풍병으로 죽고 말았습니다.

이 소식을 들은 왕자는 나 때문에 아름다운 여인을 죽게 만들었다는 자책감 등으로 슬픔에 빠졌습니다.

이 슬픔 때문에 연기법을 순관하고 역관해서 깨달음을 얻어 연각불이 되었습니다.

연각불이 된 다음에 당시에 느꼈던 생각을 시로 읊은 것이 바로 이 구절이라고 합니다.

여기서 연기법을 순관하고 역관했다고 합니다.

연기법은 이것이 있음으로 저것이 있고,

저것이 없음으로 이것이 없다는 세상의 이치를 말합니다.

이것이 있음으로 저것이 있다고 생각하는 것을 순관이라 하고 저것이 없음으로 이것이 없다고 생각하는 것이 역관입니다.

연기법은 진리의 기본이고 삼라만상의 원리라 할 수 있습니다.

제3장
친구에게 얽매이지 말라

친구를 좋아해 마음이 친구에게 얽매이면
본래의 뜻을 잃는다 가까이 사귀면
그렇게 될 것을 미리 알아서
코뿔소의 외뿔처럼 혼자서 가라

해설

친구를 좋아해서 친구에게 마음이 얽매어 믿어 버리면 자기도 모르게 "바람"이 생기게 되고, 바람이 생기면 욕심으로 변해 순수하며 맑은 본래의 마음을 잃게 된다는 것입니다.

그래서 가까이 사귀면 그렇게 될 것을 미리 알아서
코뿔소의 외뿔처럼 혼자서 가라고 합니다.

실제로 친구를 너무 믿어서 생기는 좋지 않은 일들이 많이 있습니다.

때문에 친구를 너무 믿고 의지하지 말라는 것입니다.

여기서 친구란 우리가 보통 말하는 친구는 물론 나와 가까이 있는 가족이나 동료 등을 포함합니다.

연원

이 시는 이름이 전해지지 않는 한 연각불이 지은 것입니다.

이름은 전해지지 않았지만 그는 베나레스의 왕이었습니다.

그러면서도 그는 항상 '수행자의 법이 존귀한가?'

아니면 '왕위가 존귀한가?'를 두고 깊이 생각했습니다.

그러다가 왕위보다는 수행자의 법이 존귀함을 알고 네 명의 대신에게 법에 따라 나라를 다스리라고 당부하고 자신은 수행자의 법을 따라 생활했습니다.

그러나 대신들은 왕의 명령에도 불구하고 뇌물을 받고 부정을 행하고, 백성들의 재산을 가로챘습니다.

그런 사실을 알게 된 왕은 대신들을 크게 꾸짖었습니다.

왕은 그동안 대신들로부터 고통을 받았던 백성들의 아픔을 잊을 수 없었습니다. 거기다 자신이 대신들을 꾸짖었다는 후회 때문에 마음이 심란해서 선정에 들 수가 없었습니다.

    그래서 그는 왕위에 대한 집착을 버리고 왕위에서 물러났습니다.
    그리고 연기를 순관하고 역관해서, 깨달음을 얻어
    연각불이 된 다음 그 감흥을 시로 읊은 것입니다.

경주 남산 칠불암 마애불상군   ⓒ 문화재청

제4장

자식과 아내에 대한 기대를 갖지 말라

자식과 아내에 대한 기대는
대나무 뿌리가 엉킨 것과 같으니
대나무 순이 서로 달라붙지 않도록
코뿔소의 외뿔처럼 혼자서 가라

해설

자식과 아내에 대해 기대를 갖지 말라는 말씀입니다.

자식과 아내라는 인연은 뻗은 대나무가 엉킨 것과 같다고
말합니다.

세상을 살면서 누구에게나 보편적인 인연이 생깁니다.

보편적인 인연에 너무 의지하지 말라는 것입니다.

물론 이 말씀은 수행자들에게 하는 말씀입니다.

뿌리가 얽혔더라도 대나무 순은 얽히지 않는 것처럼
사람과 사람 사이에 인연이 얽혀 있더라도
그 인연에 얽매이지 말고 코뿔소의 외뿔처럼 혼자서 가라
고 합니다.

연원

이 시는 이름이 밝혀지지 않은 연각불이 지은 것입니다.
과거불인 깟싸빠 부처님 시대에 세 명의 연각보살이 2만
년 동안 수행해 천계에 태어났습니다.

천계에서 인연이 다하자 세 명 가운데 나이가 가장 많은
보살이 베나레스의 왕실에서 태어났고 다른 두 명은 변방의
왕가에서 태어났습니다.

변방의 왕가에서 태어난 두 명은 왕위를 버리고 출가하여
연각불이 되었습니다. 연각불이 된 그들은 명상에 들었다가
과거 도반이었던 한 보살이 베나레스의 왕이 된 것을 알았습
니다.

두 연각불은 옛날 도반이었던 베나레스의 왕을 찾아가기
로 했습니다.

어느 날 왕이 공원에서 산책을 하고 있을 때

그들은 왕의 곁으로 날아가서 말을 걸었습니다.
왕이 이름을 묻자 그들은 '무집착'이라고 대답했습니다.
무슨 뜻인지 몰랐던 왕은 다시 물었습니다.

연각불은 '뻗은 대나무가 엉킨 것'이 집착이고
엉켜 있으면서도 서로 달라붙지 않은 것'이
무집착이라고 대답했습니다.

왕은 이 이야기를 듣고 홀로 떨어져
연기를 순관하고 역관하다가 깨달음을 얻어
연각불이 되었습니다.
그 감흥을 이 시로 읊었다고 전해지고 있습니다.

제5장

현명한 사람은 자유로운 삶을 찾는다

묶여 있지 않은 사슴이
숲속 초원을 찾아 거닐듯
현명한 자라면 자유로운 삶을 찾아
코뿔소의 외뿔처럼 혼자서 가라

해설

세상이라는 숲속에 얽매이지 않고
넓고 평화로운 초원을 자유롭게 돌아다니는 사슴처럼
현명한 사람이라면 자유로운 삶을 찾아
코뿔소의 외뿔처럼 혼자서 가야 한다고 말씀하십니다.

역으로 코뿔소의 외뿔처럼 혼자 사는 사람이
현명한 사람이라고 이해할 수도 있습니다.

연원

이 시는 마하빠두마라는 연각불이 지은 것입니다.

그는 과거불인 깟싸빠 부처님 시대의 요가 수행자였습니다.

그는 죽어서 베나레스의 한 부유한 장자의 집에 태어났다가 다른 사람의 부인과 불륜 관계를 저지르고 죽어서 지옥에 떨어졌습니다.

그는 지옥의 업보가 다하자 장자의 딸로 태어나서 결혼했으나 전생의 업보 때문에 남편이 그녀를 돌보지 않고 다른 여자와 놀아났습니다.

어느 날 그녀는 남편에게 축제에 데려가 달라고 부탁해서, 음식을 가지고 하인들과 함께 축제에 가고 있었습니다.

도중에 한 연각불을 만나자 그녀는 마차에서 내려 연각불의 발우에 음식을 채워주고, 연꽃을 그 위에 올려놓은 다음 한 송이 연꽃을 선물하면서 "연꽃 가운데 남자로 태어나 열반을 얻겠다."고 서원했습니다.

그녀는 그 순간 아름다워졌고 남편도 그녀를 사랑하게 되었습니다.

그녀는 죽어서는 하늘나라의 연꽃 속에 태어났습니다.

그래서 마하빠두마라고 불렀습니다.

그 다음 생에는 제석천의 제안으로 아들이 없는, 베나레스의 왕의 유원에 있는 연꽃 속에서 태어난 것입니다.

어느 날 왕비가 연못을 거닐다가 연꽃을 보고 너무 아름다워 연꽃을 꺾었는데 그 연꽃 속에서 사내아이를 발견했습니다.
왕비는 그를 양자로 삼아 사치스럽게 키웠습니다.
그 사내아이는 궁전 밖에서 놀다가 연각불을 보았습니다.

탁발하는 연각불을 보면서 사람들이 연각불을 괴롭힐 수 있겠다고 생각하고, 연각불이 궁전으로 들어오지 못하게 경고했습니다.
연각불은 아무 말 없이 떠나가 버렸습니다. 연각불이 떠나가는 모습을 본 소년은 연각불에게 죄를 지었다는 생각에 괴로워했습니다.

그는 사죄하기 위해 코끼리를 타고 연각불의 처소로 향했습니다.
연각불의 처소에 가까워지자 코끼리에서 내려 걸었습니다.
연각불의 처소에 다다르자 하인들을 물리고 홀로 걸었습

니다.

연각불의 거실이 비어 있는 것을 보고 홀로 앉아 연기를 순관하고 역관하다가 깨달음을 얻고 스스로 연각불이 되어 그 감흥을 시로 읊은 것이 이 시라는 것입니다.

국보 합천 해인사 건칠희랑대사좌상   ⓒ 문화재청

제6장

자유로운 삶을 위해 혼자서 가라

동료들과 쉬거나 서 있거나 가거나
또는 거닐면 항상 요구가 많아진다
남이 탐내지 않는 자유로운 삶을 위해
코뿔소의 외뿔처럼 혼자서 가라

해설

동료들과 가깝게 지내면 요구가 많아진다는 것입니다.

여기서 동료란 함께 일하는 사람들뿐만이 아니라 세상을 함께 살아가는 이웃들, 즉 배우자와 자식과 친구 등을 포함합니다.

그리고 요구가 많다는 것은 "이것을 들어 달라" "저것을 주라"

이렇게 하면 되고 저렇게 하면 안 된다는 등 원하는 것이 많아진다는 말입니다.

　그런데 자유로움은 다른 사람에게는 보이지 않습니다.
　그래서 남이 관심을 보이지 않는 자유로운 삶을 위해,
　코뿔소의 외뿔처럼 혼자서 가라고 합니다.

　여기서 남이 관심을 보이지 않는 자유로운 삶이란
　세상 사람들이 싫어하는 출가 수행자가 되는 것을 의미합니다.
　출가 수행자가 됨으로써 진정한 자유의 길을 가려면
　코뿔소의 외뿔처럼 당당하게 힘차게 살라는 말입니다.

연원
　이 시는 엑까밧지까 브라흐마닷따라는 연각불이 지은 것입니다.
　옛날에 엑까밧지까 브라흐마닷따라는 왕이 있었습니다.
　그는 매우 책임감이 강해서 어떠한 사람이든지,
　어떤 상황에서든지, 심지어 코끼리나 말을 타고 있을 때라도
　상담을 원하는 사람이 있으면 내려서 다른 사람이 없는 한 귀퉁이로 데려가 그 사람의 말을 들어주고 그가 원하는 것을 해결해 주려고 얘를 썼습니다.
　그래서 엑까바자까라고 불리었습니다.

그러나 그는 그런 것이 싫었습니다.

그래서 왕으로 있으면서도 출가자의 생활을 했습니다.

왕이 출가자처럼 생활하기 때문에 대신들의 재량권이 커졌습니다.

그런데도 대신들은 더 많은 권력을 갖겠다고 서로 싸웠습니다.

어느 날 한 지방을 서로 다스리겠다고 싸우는 대신들을 보면서 왕은 그들의 탐욕을 생각하며 두 사람을 모두 만족시킬 수 없다고 생각했습니다.

탐욕에서 생기는 재난을 생각해 보고, 통찰하여 깨달아 연각불이 되었고 그 감흥을 시로 읊은 것이 이 시라는 것입니다.

제7장

사랑하는 사람과 헤어지기 싫더라도…

동료들 가운데 유희와 환락이 있고
자손이 있으면 커다란 애착이 있다
사랑하는 사람과 헤어지는 것이 싫더라도
코뿔소의 외뿔처럼 혼자서 가라

해설

여기서 동료란 함께 일하는 사람뿐 아니라 세상을 함께 살아가는 사람들, 즉 배우자와 자식과 친구 등을 말합니다.

이들과 함께 살면서 이들 때문에 기뻐합니다.

특히 아들과 딸 그리고 손자 등 아이들에게는 너무 사랑하여 집착하게 됩니다.

동료나 가족들을 사랑해서 헤어지기 싫더라도 진정한 수행자가 되려거든 그들과 헤어져서 코뿔소의 외뿔처럼 혼자서 가야 한다고 말합니다.

연원

이 시는 에까뿟띠까 브라흐마닷따라는 연각불과 관련된 것으로 알려져 있습니다.

그는 베나레스의 왕이었습니다. 그에게는 외아들이 있었는데 지극히 사랑하여 항상 데리고 있었습니다.

그러던 어느 날 유원(遊園)에 나가면서 사랑하는 외아들을 왕궁에 두고 나갔습니다.
바로 그날 외아들은 갑작스런 병으로 죽었습니다.
대신들은 그 사실이 왕에게 알려질까 두려워 왕자의 시신을 화장(火葬)해 버리고 왕에게 보고하지 않았습니다.

왕도 술에 취해 왕자에 대한 생각을 까마득하게 잊고 있다가
다음 날 아침에 왕은 목욕하고 식사시간에 왕자를 데려오라고 했습니다.
대신들은 어쩔 수 없이 자초지종을 이야기했습니다.

왕은 비탄해 했지만 곧 정신을 차리고 자리에 앉아
"이것이 있으면 저것이 있다. 이것이 없으면 저것이 없

다."는

연기를 순관하고 역관해서 깨달음을 얻어 연각불이 되었습니다.

이 모습을 보고 어떤 사람이 이 시를 지었다는 것입니다.

경주 불국사 다보탑　　　　　　　ⓒ 문화재청

제8장

두려움 없이 혼자서 가라

사방으로 돌아다니지 말고
남을 해치려 하지 말고
무엇이나 얻은 것으로 만족하고
온갖 고난을 극복하여
두려움 없이 코뿔소의 외뿔처럼 혼자서 가라

해설

사방으로 돌아다니지 말라는 말씀은 이것을 하다가 저것을 하거나, 이게 좋을까? 저게 좋을까? 기웃거리지 말라는 말씀입니다.

즉 마음을 바르게 정해서 그 길을 가라는 뜻입니다.

그리고 남을 해치려 하면 내가 먼저 당한다는 것을 알아서 남을 해치려 하지 말고 다른 것들과 함께 가라는 것입니다.

이어서 무엇이나 얻은 것으로 만족하라고 합니다.

만족하지 못하면 항상 괴롭습니다. 그러니 얻지 못함을 괴로워하지 말고, 온갖 고난을 극복하라고 말씀하십니다.

고난을 극복하는 방법은 여러 가지가 있을 것입니다.
그러나 바른 마음으로 모든 것들과 함께 주어진 것에 만족하면
어떤 고난도 사라질 것입니다.
그렇게 하면 자연스럽게 두려움은 없어질 것이고
코뿔소의 외뿔처럼 혼자서 갈 수 있을 것입니다.

연원

이 시는 이름이 밝혀지지 않은 한 연각불에 관한 것입니다.
과거불인 깟싸빠 부처님 시대에 다섯 명의 연각보살이 있었습니다.

다섯 명의 연각보살은 2만 년 동안 수행하여
천계(天界)에 태어났다가 천계에서 죽어 그 가운데
가장 나이 많은 보살이 베나레스의 왕으로 태어났고
다른 네 명은 조그만 나라의 왕으로 태어났습니다.

네 명은 명상수행을 배워 왕위를 버리고
출가하여 연각불이 되었습니다.

그들은 전생을 기억하여 자신의 도반이
베나레스의 왕이 된 것을 알고는 그를 찾아갔습니다.

한편 베나레스의 왕은 어느 날 밤중에
악몽에 세 번 경악하며 비명을 지르고
왕궁의 옥상으로 피신했습니다.

아침 일찍 사제가 와서 안부를 묻자
왕은 지난밤의 일을 말했습니다.
사제는 그것이 왕위를 잃고 생명에 장애가 있을 징조라고
겁을 주면서 대규모의 희생제를 지내야 한다고 말했습니
다.
왕은 그 말을 믿고 희생제를 준비하기 시작했습니다.

네 명의 연각불은 왕이 희생제를 지내고 나면
그를 깨닫게 하는 것이 곤란해질 것을 알고,
탁발행각을 하며 왕의 궁정의 창문 곁을 지나갔습니다.

왕은 그들을 보고 끌리는 것이 있어
그들을 불러 식사를 대접하고
"'당신들은 어떤 사람들입니까?'라고 묻자
그들은 "사방을 닦는 사람"이라고 대답하면서
사방을 닦으면 두려움이 없어진다고 말했습니다.

왕이 거듭 캐묻자 사방을 닦는다는 것은
청정한 삶(四梵住)이라고 설명해 주었습니다.

이 말을 들은 왕은 곧 모든 생물을 놓아주라고 명하고는
청정한 삶을 통찰하여 깨달음을 얻어 연각불이 되었습니다.

네 가지 청정한 삶이란 자애의 삶,
연민의 삶, 기쁨의 삶, 평정한 삶을 말합니다.

자애의 삶이란 부모가 자식을 사랑하는 것처럼
어떤 차별도 없이 중생을 사랑하는 보편적이며
무한한 사랑을 실천하는 것입니다.

연민의 삶이란 괴로움 속에 사는 모든 중생들에게
연민의 태도를 갖는 것입니다.

기쁨의 삶이란 다른 사람의 좋은 일들에 대해
축하하며 공감하는 것입니다.

평정의 삶이란 좋지 않은 어떤 일을 당하더라도
침착하게 안정을 잃지 않는 것을 말합니다.

제9장
자식들에게 관심을 두지 말라

어떤 사람들은 출가해도 섭수(攝受)가 어렵다
가정에 사는 재가자와 같다
다른 사람들이나 자식들에게 관심을 두지 말고
코뿔소의 외뿔처럼 혼자서 가라

해설

어떤 사람들은 출가를 했어도 자비심으로 일체중생을 살피고 보호하기(攝受) 어렵다는 것입니다.

재가 불자들처럼 자기 것, 자기 식구, 자기 자식을 챙길 뿐 다른 사람을 보살피고 다른 사람을 깨닫게 하기 위해 노력할 줄 모른다는 것입니다.

그러나 수행자가 완전한 깨달음을 얻을 때까지는 남의 자식이나 남의 생각보다는 내 생각, 나를 알려고 하는 마음으로 코뿔소의 외뿔처럼 혼자서 가라는 것입니다.

이 구절은 쉬운 말씀으로 들릴지 모르지만 매우 깊은 뜻이 있는 어려운 말씀입니다. 깊이 생각해야 무엇을 가르치려 하시는 말씀인지를 알 수 있을 것입니다.

연원

이 시는 이름이 알려지지 않은 한 연각불이 지은 시입니다.

베나레스 왕비가 죽었습니다. 왕은 슬픔의 나날을 보냈습니다. 이를 본 대신들은 새로운 왕비를 맞아 드리기를 권했습니다.

그래서 새로운 왕비를 구하기 시작했는데 이웃나라에 왕이 죽어 홀로 나라를 통치하고 있는 왕비가 있었습니다.

대신들이 그 왕비를 추천하자 왕은 새로운 왕비로 맞아들였습니다.

왕비는 새로 시집오기 전에 임신 중이었습니다.

그래서 시집온 지 얼마 되지 않아 아들을 낳았습니다.

아들이 생기자 왕비는 그 자식을 가슴에 품고 살았습니다.

왕도 자기 아들처럼 생각하고 사랑해 주었습니다.

그러나 왕비의 시녀는 왕의 마음을 믿을 수가 없다고 생각했습니다. '지금은 왕이 이 아이를 아끼지만 조금만 문제가 생겨도 이 아이를 버릴지도 모른다고 생각하고 왕과 왕비의 아들 사이를 갈라놓기로 마음먹었습니다. 그래서 왕자에게 "너는 이 왕의 아들이 아니다. 이 왕을 믿지 말라"고 말했습니다.

그 말을 들은 왕자의 태도가 많이 변해버렸습니다. 왕이 왕자를 불러도 못 들은 척하기 일쑤인데다, 왕이 손으로 잡아끌어도 이전처럼 왕에게 안기지 않았습니다.

왕은 어쩐 일인가 궁금해 하다가 자초지종을 알고는 왕궁 생활에 혐오를 느껴 왕위를 버리고 출가했습니다.

그러자 많은 대신들도 함께 출가했습니다.
사람들은 그들에게 생활에 필요한 물품을 바쳤고, 왕은 그들에게 나이 든 순서대로 평소 가지고 있던 값비싼 물건을 나누어 주었습니다.

그런데 자기 맘에 드는 좋은 물건을 받은 사람들은 만족했지만 그렇지 못한 사람들은 불평했습니다.

이런 모습들을 보면서 실망한 왕은 발우를 들고 가사를 입고는 홀로 숲속에 들어가 연기법을 통찰하여 깨달음을 얻어 연각불이 되었습니다.

　　이 구절은 이렇게 깨달음을 얻은 연각불이 지은 시로 알려져 있습니다.

석굴암 본존불(故 한석홍 기증 사진자료)　　　ⓒ 문화재청

제10장
재가의 속박을 끊어라

잎이 떨어진 꼬빌라라 나무처럼
재가 생활의 특징들을 없애 버리고
재가의 속박들을 끊고, 용기 있는 이는
코뿔소의 외뿔처럼 혼자서 가라

해설

잎이 떨어진 꼬빌라라 나무처럼
재가 생활의 특징들을 없애 버리라고 하십니다.

꼬빌라라 나무란 어떤 특정한 나무가 아니라
겨울이면 잎이 모두 떨어져 버린 낙엽수를 말합니다.

그리고 재가 생활의 특징들이란 머리카락, 수염, 화려한
옷,

그리고 치장하는 것과 화장품을 몸에 바르는 것 등을 말합니다.

거기다 처자와 노비 등이 재가 생활의 특징이라 합니다.

낙엽수가 겨울이면 잎을 모두 떨쳐 버리듯이
출가 수행자가 되려면 머리카락, 수염 등을 기르지 않아야 하고
화려한 옷을 입거나 화장하는 것도 하지 않아야 한다는 말입니다.

거기다 재가의 속박들을 끊으라고 하십니다.
재가의 속박이란 재물과 쾌락 등의 유혹을 말합니다.

그런데 머리카락과 수염을 자르고 화려한 옷을 입지 않고
재물과 쾌락의 유혹에서 벗어나는 것은
여간 힘든 일이 아닙니다. 정말 용기가 필요합니다.

이렇게 용기 있는 사람이 되어 코뿔소의 외뿔처럼 혼자서 가라고 하십니다.

연원
이 시는 짜뚜마씨까 브라흐마닷따라는 연각불이 지은 것입니다. 그는 베나레스의 왕이었습니다. 초여름 날 유원의

푸르고 무성한 잎으로 뒤덮인 꼬빌라라 나무 아래서 휴식을 취하고 있었습니다.

왕은 그곳에 '누울 수 있는 처소'를 만들라고 명령했습니다.

한여름에 다시 그곳을 찾았는데 꽃이 만개해 있었습니다. 대신들이 '누울 수 있는 처소'를 만들지 않은 것을 알고 재차 누울 자리를 만들라고 독촉했습니다.

여름이 끝날 무렵 왕은 세 번째로 그곳을 찾았습니다. 그러나 나무는 잎사귀가 다 떨어지고 고목처럼 되어 있었습니다.
그 밑에 누워도 보주에서 생겨난 것 같은 나뭇잎과 산호초를 아로새긴 것 같은 꽃들, 진주를 부수어 뿌려 놓은 듯한 흙, 붉은 모포를 펼쳐 놓은 듯한 떨어진 꽃잎을 볼 수 없었습니다.

왕은 나무도 늙는다는 것을 생각하고
변하지 않는 것이 없다는 것과
즐거움과 괴로움이 모두 실체가 없다는 것을 깨달아
연각불이 되어 그 감흥을 시로 읊은 것으로 알려지고 있습니다.

그 후 대신들이 와서 궁전으로 돌아갈 시간이라고 알렸지만 왕은 "나는 왕이 아니다"라고 대답했다고 합니다.

보은 법주사 쌍사자 석등　　　ⓒ 문화재청

제11장

성숙한 벗을 얻으면
어떤 난관도 극복한다

만일 그대가 어질고 단호한 동반자
성숙한 벗을 얻는다면
어떠한 난관들도 극복하리니
기쁘게 마음챙김을 갖추어 그와 함께 가라

해설

어질고 단호한 동반자와 성숙한 벗을 만나면
어떤 어려움도 극복한다고 말합니다.

그럼 어질고 단호한 동반자란 무엇을 말하는 것일까요?
어질다는 것은 너그럽고 덕행이 높은 것을 말하고 단호하
다는 것은 결단력이 있고 정진력이 있음을 말합니다.

이런 배우자나 동료, 또는 친구를 만나면 어떤 어려움도

이겨낼 수 있다는 것입니다. 그리고 성숙한 벗이란 기대한 만큼 이룬 친구를 말합니다.

이런 친구를 만나면 기쁜 마음으로, 진실한 마음으로 그와 함께 살라고 말합니다.

그런데 이런 동반자와 친구를 만나려면 어떻게 해야 할까요?
나를 알아야 합니다. 나를 아는 것이 기본이라는 말입니다.

제12장

성숙한 벗을 못 만나면 혼자서 가라

만일 그대가 어질고 단호한 동반자
성숙한 벗을 얻지 못한다면
왕이 자기가 정복한 나라를 버리듯
코뿔소의 외뿔처럼 혼자서 가라

해설

어질고 단호한 동반자, 성숙한 벗에 대한 말씀은 바로 앞
문장에서 설명을 드렸기에 여기서는 생략합니다.

이런 배우자나 동료, 또는 친구를 만나지 못하면
왕이 전쟁을 벌여 정복한 나라를 버리듯이
미련도 욕심도 버리고 코뿔소의 외뿔처럼 혼자서 가라고
하십니다.

연원

이 시와 이전의 시는 이름이 밝혀지지 않은 연각불에 관한 이야기입니다.

과거불인 깟싸빠 부처님 시대에 두 명의 연각보살이 있었습니다.

이들은 2만 년 동안 수행해 하늘나라에 태어났다가 죽어서, 나이든 이는 베나레스의 왕자로 태어나고 다른 이는 사제의 아들로 태어났습니다. 그들은 한날한시에 태어나서 친구가 되었습니다.

사제의 아들이 왕자에게 우리 열심히 공부해서 힘을 합해 왕국을 통치하자고 제안했고 왕자도 그렇게 하자고 약속했습니다.

두 사람은 걸식을 하며 마을을 돌다가 변경에 이르렀습니다.

그때 마침 연각불들이 걸식을 하고 있었는데, 사람들은 그들을 보고 호의를 베풀어 공양을 올렸습니다.

두 사람은 사람들이 물러간 뒤에 연각불들에게 많은 사람으로부터 호의를 받는 방법을 가르쳐주라고 말했습니다.

그러나 연각불들은 '출가하지 않은 사람은 배울 수는 없다'며 가르쳐 주지 않았습니다. 그래서 그 두 사람은 출가를 했습니다.

연각불들은 그들에게 옷을 갈아입도록 하고 사람들로부터 호의로 공양 받으려면 홀로 지내는 것을 기뻐하는 데 있다고 가르쳐 주었습니다.
그리고 홀로 행주좌와 수행할 수 있는 초암을 각각 내주었습니다.

사제의 아들은 마음을 통일해서 삼매를 얻었으나 왕자는 거듭 실패하자 세 번이나 사제의 아들을 찾아 홀로 지내는 것이 싫증났다고 했습니다. 사제의 아들은 연각불의 가르침을 상기시켜 그를 격려했습니다.

그 후에 사제의 아들은 초암을 버리고 숲속으로 들어가 연각불이 되었습니다. 그리고 왕자는 그가 자신을 만나주지 않고 사라진 것에 충격을 받아, 홀로 길을 가기로 결심하고, 자신의 초암에 돌아와 통찰에 힘써 깨달음을 얻어 연각불이 되었습니다.
이 감흥으로 이 시를 썼다고 전해지고 있습니다.

제13장
훌륭하거나 비슷한 친구를 사귀라

훌륭하거나 비슷한 친구를 사귀되
이런 벗을 만나지 못하면
허물없음을 즐기며
코뿔소의 외뿔처럼 혼자서 가라

해설

훌륭하거나 비슷한 친구라 함은 본받을 만한 친구이거나
자기와 비슷한 생각과 수행을 하는 친구를 말합니다.

이런 친구를 사귀면 좋은데 그러지 못하면 잘못이 없는 것
을 다행으로 생각해서 억지로 친구를 사귀려 하지 말고 코뿔
소의 외뿔처럼 혼자서 가라고 하십니다.

연원

이 시는 이름이 밝혀지지 않은 한 연각불에 관한 것입니다.

과거불인 깟싸빠 부처님 시대에 다섯 명의 연각보살이 있었습니다.

이들은 2만 년 동안 수행하여 천계에 태어났다가 그곳에서 죽어 그 가운데 가장 나이 많은 자가 베나레스의 왕으로 태어났고 다른 네 명도 왕으로 태어났습니다.

네 명은 명상수행을 배워 왕위를 버리고 출가하여 연각불이 되었습니다.

그들은 전생을 기억하고는 도반이 베나레스의 왕이 된 것을 알았습니다. 그래서 그들은 베나레스 왕을 찾아갔습니다.

한편 베나레스의 왕은 어느 날 밤중에 악몽에 세 번 놀라 경악하며

비명을 지르고 왕궁의 옥상으로 피신했습니다.

왕은 왕궁의 옥상에 설치된 계단에 연각불들이 있는 것을 보고

"그대들은 어떠한 자들인가?"라고 묻자 그들은 "허물없음을 즐기는 자"라고 대답했습니다.

그 의미가 무엇이냐고 왕이 묻자 '좋은 것이나 좋지 않은 것이나 얻으면 변함없이 즐긴다'는 의미라고 대답했습니다. 그러자 왕은 그들을 시험하기 위해 간을 하지 않은 쌀죽과 식초처럼 신 죽(산죽, 酸粥)을 대접했습니다. 그들은 그것을 감로처럼 맛있게 먹었습니다.

그 다음 날에도 같은 것을 대접했고, 그들은 변함없이 잘 먹었습니다.

그러자 왕은 그들을 정식으로 초대해서 훌륭한 음식을 대접하고

'허물없음을 즐기는 자'임을 인정했습니다.

그리고 자기도 그와 같이 되기를 결심하고 왕위를 버리고 출가한 다음, 통찰을 닦아 깨달음을 얻어 연각불이 되었습니다.

이 연각불이 지은 시로 전해지고 있습니다.

제14장
함께 있으면 부딪히며 소리를 낸다

금(金) 세공사가 잘 만들어낸
빛나는 한 쌍의 황금 팔찌도
한 팔에서 서로 부딪히는 것을 보고
코뿔소의 외뿔처럼 혼자서 가라

해설

전문가가 잘 만든 참 좋은 한 쌍의 팔찌도
하나의 팔에 함께 있으면 서로 부딪혀 소리를 냅니다.

아무리 좋은 세상에 좋은 사람들이 산다고 하지만 여러 사람이
함께 있으면 부딪히고 소리를 내기 마련이라는 말입니다.

그러니 코뿔소의 외뿔처럼 혼자서 가라는 것입니다.

연원

이 시는 이름이 밝혀지지 않은 한 연각불에 대한 이야기입니다.

어떤 베나레스의 왕이 대낮에 휴식을 취하러 어떤 곳을 갔는데,

그곳에서 하녀가 우두전단(향이 좋고 오래가는 나무)을 부수고 있었습니다.

그녀의 한쪽 팔에는 하나의 팔찌가 있었고 다른 한쪽에는 두 개의 팔찌가 있었습니다. 두 개의 팔찌는 서로 부딪혀 아름다운 음악을 만들어내고 있었고 다른 것은 그렇지 않았습니다.

왕은 하녀를 계속 바라보면서 2개의 팔찌가 서로 부딪혀 소리를 내는 것을 생각했습니다.

그러자 왕비는 왕이 하녀에게 관심을 갖는 것을 질투하여 자기도 우두전단을 구해서 부수었습니다.

그러자 왕비의 팔에 달린 많은 팔찌들이 부딪히며 시끄러운 소리를 내었습니다.

왕은 그 소리가 너무 싫어서 떠나기로 하면서 오른쪽으로 누워 깊이 생각해 깨달음을 얻어 연각불이 되었습니다.

그는 연각불이 되어 무상의 즐거움을 누리고 있었습니다.
그런 줄 모르는 왕비가 전단을 들고 다가와 전단을 바르라고 하자
"가까이 오지 말라. 바르지 않겠다."고 했습니다.

왕비가 까닭을 물은즉 "나는 왕이 아니다."라고 대답하며 연각불이 된 것을 선언했습니다.
이 시는 이 연각불이 지은 시로 알려지고 있습니다.

제15장

둘이 있으면 말다툼이 있다

두 사람이 같이 있으면
잔소리와 말다툼이 일어나리라
장차 이러한 두려움을 잘 살펴
코뿔소의 외뿔처럼 혼자서 가라

해설

팔에 2개의 팔찌가 있으면 부딪히는 소리가 있는 것처럼
사람도 두 사람이 같이 있으면
잔소리와 말다툼이 일어난다는 것입니다.

이렇게 말다툼이 일어날 것을 미리 알아서
코뿔소의 외뿔처럼 혼자서 가라는 것입니다.

이 말씀도 출가 수행자들에 하시는 말씀입니다.

연원

이 시는 이름이 밝혀지지 않은 한 연각불의 이야기입니다.

한 젊은 베나레스의 왕이 대신들에게 나는 출가하려고 하니
"왕비를 모시고 나라를 잘 다스려 달라"고 말했습니다.

대신들은 왕이 없으면 나라를 지킬 수 없고 다른 나라의 침공을 받을 염려가 있으므로 왕자가 태어난 다음에 출가하라고 권했습니다.

왕은 기다리다가 왕비가 회임하자 출가하겠다고 말했습니다.
대신들은 왕자가 출산할 때까지 기다려 달라고 했습니다.

왕비가 출산하자 왕은 출가하겠다고 말했습니다.
대신들은 또 왕자가 국가를 통치할 만한 힘을 지닐 때까지 기다려 달라고 했습니다.

왕자가 자라서 힘을 지니게 되자 왕은 왕자가 왕이 되는 즉위식을
거행하라고 말했습니다. 그리고 국경을 넘어 출가했습니다.

모든 사람들이 비통하게 울었고 국경을 넘을 때 왕은 선을 긋고

아무도 넘어오지 못하게 했으나 왕자가 그 선을 넘어서 따라왔습니다.

왕은 지금까지 나라를 통치하면서 자식 하나 다루지 못했다고 생각하며 왕자를 데리고 숲속으로 들어갔습니다.

그들은 한 연각불이 살던 초암에서 지냈습니다. 그런데 왕자는 호화로운 궁중 생활을 잊지 못했습니다. 짚으로 만든 깔개와 새끼로 엮은 침대에서 생활하면서 "춥다, 덥다, 모기가 문다, 배고프다, 목마르다"하며 울었습니다.

낮에는 탁발을 나가서 음식을 얻으면 먹기 싫은 콩과 완두콩 등이 들어 있었지만 배고픔을 면하기 위해 먹어야 했습니다.

며칠 동안 그렇게 생활하면서 더위에 지쳐 왕자가 쇠약해졌습니다.

왕은 왕자를 돌려보내기로 결심하고 출가할 때에 선을 그렸던 장소로 데려갔습니다.

미리 알고 마중 나온 왕비에게 왕자를 맡겼습니다.
왕비는 왕자를 도성으로 데려가서 왕으로 삼았습니다.

한편 왕은 자신의 처소로 돌아와 통찰을 통해 깨달음을 얻어 연각불이 되었고 그 감흥으로 이 시를 지었다고 합니다.

평창 월정사 팔각 구층석탑　　　　ⓒ 문화재청

제16장
쾌락은 달콤하고 즐겁다

쾌락의 종류는 다양하고 달콤하고 즐거워
여러 가지 형상으로 마음을 혼란시킨다
욕망의 가닥들에서 이러한 위험을 보고
코뿔소의 외뿔처럼 혼자서 가라

해설

사람의 모습이 다른 것처럼 수많은 쾌락이 있고
사람의 생각이 다르듯이 수많은 유희가 있습니다.
그런데 쾌락은 일시적으로 달콤한 즐거움을 주기 때문에
갖가지 형태로 사람의 마음을 혼란시킵니다.
대부분의 사람은 쾌락에 대한 욕망을 가지고 있습니다.

욕망의 가닥들은 사람을 괴로움으로 동여매기 때문에 진
정한 행복을 원하는 사람들에게는 매우 위험한 것들입니다.

이러한 위험을 미리 생각한다면 코뿔소의 외뿔처럼 혼자서 가야 한다고 말씀하시는 것입니다.

여기서 욕망의 가닥들이란 쾌락을 불러오는 형상, 소리, 향기, 맛, 감촉 등 5가지 감각기관을 말합니다.

연원
이 시는 이름이 밝혀지지 않은 한 연각불과 관련된 것입니다.

베나레스에 부유한 장자의 아들이 있었습니다.
그는 장자의 아들로 태어났기 때문에 젊어서 장자의 지위를 얻을 수 있었습니다. 그에게는 계절에 적합한 궁전이 있을 정도로 하늘의 왕자처럼 살았습니다.

그는 '내가 출가하면 어떨까'라고 생각하여 부모와 상담했습니다. 그러나 부모는 출가생활은 면도칼 위를 걷는 것과 같다며 반대했습니다.
아들이 출가의 뜻을 굽히지 않았습니다.
그래서 부모는 생각 끝에 아들의 출가를 허락했습니다.

장자의 아들은 주변 사람들이 모두 슬퍼하는 가운데 이씨 빠따나(仙人墮處)로 가서 연각불들에게 출가했습니다.

그런데 잠자리도 불편하고 탁발하여 먹는 음식도 거친 음식들뿐이었습니다. 이렇게 생활하자 몸은 이삼 일 만에 창백해지고 마음도 출가 생활이 싫어졌습니다. 그는 부모에게 알려 자기 집으로 돌아갔습니다.

다시 이삼 일 만에 기력을 회복하자 출가할 생각을 다시 했습니다.

그래서 다시 출가했다가 또다시 돌아왔습니다. 그리고 다시 세 번째 출가하여 완전히 수행하여 깨달아 연각불이 되었습니다.

이 시는 그가 연각불이 되어 지은 시로 전해지고 있습니다.

제17장
욕망은 고뇌이고 종기이며 재난이다

이것이 내게 고뇌이고 종기이고 재난이며
질병이고 화살이며 공포이다
욕망의 가닥들에서 이러한 두려움을 보고
코뿔소의 외뿔처럼 혼자서 가라

해설

여기서 이것이란 욕망을 말합니다.

욕망이 자기에게 고뇌이고 종기이고 재난이며
질병이고 화살이며 공포라고 말합니다.

욕망은 괴로움을 주는 것이고, 자기를 썩게 만드는 것이며
자기가 가는 길을 막는 어려움이고 자기를 병들게 하는 것
이고

상대에게 상처를 주는 것이 되며 한편으로는 두려움이라는 뜻입니다.

욕망을 갖게 하는 가닥들이란 형상, 소리, 향기, 맛, 감촉 등 5가지 감각기관을 말합니다.

때문에 이런 욕망의 가닥들을 보면서 두려움을 갖고 코뿔소의 외뿔처럼 혼자서 가라는 것입니다.

연원
이 시는 이름이 알려지지 않은 한 연각불과 관련된 것입니다.

베나레스의 한 왕에게 종기가 생겨 고통이 무척 심했습니다. 의원들은 그 부위를 칼로 도려내는 방법밖에는 없다고 말했습니다.

왕은 의원들에게 안심하고 도려내라고 말해 의원들이 종기를 칼로 잘라 피고름을 제거하고 고통을 없애고 상처를 붕대로 감아 치료를 끝내고 나서 기름진 음식을 먹지 말라고 부탁했습니다.
왕이 의원들이 말한 대로 기름진 음식을 먹지 않고 조심하자 종기가 점점 나아졌습니다.

몸이 편해지자 아직 종기가 다 아물지도 않았는데 왕은 다시 기름진 음식을 먹으며 여자들과 가까이 하는 등 감각적 쾌락을 즐겼습니다.

그러자 종기가 다시 심해졌고, 의원들이 종전과 같은 방법으로 치료해 주었습니다.
이렇게 세 번이나 치료를 해야 했습니다. 그러자 왕은 의원들을 볼 면목도 없고 속세가 싫어져서 왕의 지위를 버리고 출가했습니다.

숲속에 들어가 통찰수행을 7년 동안이나 닦아서 깨달음을 얻어 연각불이 되어 이 시를 지었다고 전해지고 있습니다.

제18장
추위와 더위, 굶주림 등을 참아라

추위와 더위, 굶주림과 갈증,
그리고 바람, 열기, 쇠파리와 뱀,
이러한 모든 것을 참아내고
코뿔소의 외뿔처럼 혼자서 가라

해설

추위와 더위, 굶주림과 갈증, 그리고 바람, 열기,
쇠파리와 뱀 등 외적인 불편함과 괴로움, 즉 고행을
참아내며 코뿔소의 외뿔처럼 혼자서 가라고 하십니다.

석가모니 부처님께서는 6년간의 고행을 참아내셨습니다.
　물론 6년의 고행이 깨달음을 주지는 못했다 하더라도 6년
고행을 참아냈기 때문에 7일간의 명상으로 깨달음을 얻어
부처가 될 수 있었을 것입니다.

연원

이 시는 씨딸루까 브라흐마닷따라는 한 연각불과 관련된 것입니다.

베나레스에 씨딸루까 브라흐마닷따라는 왕이 있었습니다. 그는 출가하여 작은 오두막에 살았습니다.

그곳은 추울 때에 추웠고 더울 때는 더웠습니다. 그곳은 외딴 곳이었기 때문에 탁발하러 가더라도 필요한 만큼 얻을 수가 없었고 마실 물도 얻기가 어려웠습니다. 그리고 바람과 열기, 모기, 뱀 등이 괴롭혔습니다.

그래서 그는 '여기서 조금만 가면 쾌적한 장소가 있을 것 같다. 그곳에는 위험이 전혀 없을 것 같다. 그곳에서 쾌적한 생활을 하면 곧 경지를 얻을 것이다'고 생각했습니다.

그러나 한편으로 그는 자기가 출가자라는 것을 생각하면서 출가자는 환경의 지배를 받으면 안 된다고 생각했습니다. 그리고 이런 마음 그대로 살아야지 마음대로 해서는 안 된다고 다짐했습니다. 그래서 가지 않기로 생각을 고쳐먹었습니다.

그렇게 세 번이나 장소를 옮기는 것을 고려하다가 그만두었습니다.

　그는 그곳에서 칠 년 동안 살면서 수행하여 깨달아 연각불
이 되어 이 시를 지었다고 전해지고 있습니다.

서산 용현리 마애여래삼존상　　　　　　　ⓒ 문화재청

제19장

코끼리가 숲속을 거닐듯

어깨가 벌어지고 반점 있는 장엄한 코끼리가
그 무리를 떠나 마음대로 즐기며
숲속을 거닐듯
코뿔소의 외뿔처럼 혼자서 가라

해설

어깨가 벌어지고 반점 있는 장엄한 코끼리란
건강하고 힘 있는 대장 코끼리를 말합니다.

이 대장 코끼리가 다른 코끼리들의 모습이
싫어져서 혼자 있고 싶어 했습니다.

자기 마음대로 즐기며 숲속을 거닐듯이
코뿔소의 외뿔처럼 혼자서 가라고 합니다.

이 말씀은 부처가 되면 자기가 주인이 되어
어떤 것에도 구애되지 않는 참 자유를 누린다는 뜻입니다.

연원

이 시는 이름이 알려지지 않은 한 연각불과 관련된 것입니다.

베나레스의 한 왕이 20년 동안 왕국을 통치하다가 죽어서 지옥에 떨어져 20년간을 고통스러워하다가 히말라야 산록의 코끼리의 모태에서 태어났습니다.

자라나서 잘 발달된 어깨를 가진, 연회색을 띤
짐승의 우두머리인 커다란 코끼리가 되었습니다.

그 코끼리는 부수고 꺾은 나뭇가지를 어린 코끼리들에게 먹였습니다.
그런데 물에 들어가면 암 코끼리들이 진흙을 튕겨댔습니다.

그는 코끼리들이 싫어져서 그곳을 떠났으나 많은 코끼리들이 그를 따라왔습니다.
그는 그들을 물리치려고 했으나 세 번이나 실패했습니다.

어느 날 그는 '나의 손자들이 베나레스를 통치하고 있다'고 생각하여 옛날에 자신이 노닐던 유원을 찾기로 작정하고 밤에 몰래 그곳을 빠져나와서 유원을 찾았습니다.

유원의 파수꾼들이 그를 보고 왕에게 보고하자
왕은 군대를 끌고 유원으로 왔습니다.

코끼리가 왕에게 다가오는 것을 보고 왕은 화살을 겨누었습니다.
코끼리는 다급해지자 인간의 말로 "브라흐마닷따여, 나는 그대의 할아버지다"라고 말했습니다.

왕은 경악하여 그 이유를 묻자 코끼리는 자초지종을 말했습니다.
왕은 코끼리 위에 타고는 코끼리의 전생을 생각하며,
통찰을 닦아 깨달음을 얻어 연각불이 되었습니다.

그는 출세간적인 기쁨에 잠겨 있는데
대신들이 "왕이여, 내리십시오."라고 하자
"나는 왕이 아니다"라고 대답했습니다.
다시 말하면 출가를 선언한 것입니다.

제20장
사교적 모임을 탐익하지 말라

사교적 모임에 탐익하는 자는
일시적인 해탈에도 이를 수 없다
태양의 후예가 한 말씀을 명심하여
코뿔소의 외뿔처럼 혼자서 가라

해설

남과 잘 사귀는 것을 좋아해서 모임을 만들고
모임에 자주 참석하는 등 마음이 온통 모임에 빠져 있는
사람은 일시적인 해탈에도 이르지 못한다고 합니다.

그러기 때문에 태양의 후예의 말씀을 명심하여
코뿔소의 외뿔처럼 혼자서 가라고 말씀하십니다.

태양의 후예란 소중하고 위대한 사람을 말합니다.

그 사람은 다른 사람들에게 희망을 주고,
행복해지는 방법을 가르쳐 주는
어떤 존재의 뒤를 이은 사람입니다.
불교에서는 부처님을 의미합니다.

연원

이 시는 이름이 알려지지 않은 한 연각불이 쓴 시입니다.

베나레스의 한 왕자가 호화로운 왕궁의 생활을 접고 젊어서 출가했습니다.

그 나라 왕은 왕자의 출가를 허락하면서 왕궁 근처의 유원에서 살아야 한다는 조건을 붙였습니다.

왕비는 거의 매일 아침 일찍 2만 명의 무희를 데리고 유원을 찾아가 왕자에게 좋은 음식을 주고, 함께 이야기를 하다가 돌아왔습니다.
왕도 마찬가지였습니다.

그런데 아딧짜반두라는 연각불이 왕자가
부모의 끈에 묶이어 있는 것을 알고 그를 찾아왔습니다.
그때 마침 왕이 있다가 연각불을 보고
왕자의 친구가 되어줄 수 있을 것 같아 반갑게 맞았습니다.

연각불은 왕자에게 "그대는 어떠한 자인가?"라고 묻자
왕자는 "출가자이다."라고 대답했습니다.

연각불은 "사교적 모임에 탐닉하는 자는
일시적인 해탈에도 이를 수 없다."고 말하고
신통력으로 히말라야의 승원을 보여 주었습니다.

그곳에서 연각불들이 경행을 하고 옷감을 물들이고 바느
질하는 것을 보고, 자신도 그렇게 해야겠다고 생각했습니다.

그날 밤 왕자는 자는 척하고 있다가 불침번을 서고 있는
사람이 잠들자 발우와 가사를 들고는 숲속으로 들어갔습니
다.

왕자는 홀로 지내면서 통찰을 닦아
깨달음을 얻어 연각불이 되었습니다.

그는 아딧짜반두를 찾아 나머지 시구(詩句 ; 시의 구절)
"태양의 후예가 한 말을 명심하여
코뿔소의 외뿔처럼 혼자서 간다."고 말했습니다.

제21장

감각기관을 다스려야 지혜가 생긴다

그릇된 견해의 왜곡을 뛰어넘어
감관의 제어에 이르는 길을 얻어야
나에게 궁극적 지혜가 생겨
남에게 이끌릴 필요가 없기에
코뿔소의 외뿔처럼 혼자서 가라

해설

잘못된 생각이 사실과 다르다고 생각할 것이 아니라
느끼고 보이는 것으로부터 생기는
욕망을 억눌러 다스릴 수 있을 때
비로소 나에게 깨달음의 지혜가 생긴다고 합니다.

그렇게 되면 다른 사람에게
이끌릴 필요가 없기 때문에

구태여 함께 가려 하지 말고
혼자서 가라는 것입니다.

연원

베나레스에 어떤 왕이 있었습니다.

홀로 명상에 잠겨 '추운 것과 반대로 더운 것이 있는 것처럼, 윤회가 있으면 윤회에서 벗어나는 길은 없는 것일까?' 하고 생각했습니다.

그는 대신들에게 물어보니 대신들은 알고 있다고 대답했습니다.

왕은 무엇이냐고 물었습니다. 그들은 '세계는 유한하다'는 전제로 '영원하다, 영원하지 않다' 등의 이론을 말했습니다.

왕은 대신들이 알지 못하고 견해에 집착하고 있다고 판단했습니다.

그리고 왕은 '윤회에서 벗어나는 길이 있는데 내가 모르고 있다'고 생각했습니다.

그것을 알기 위해 왕위를 버리고 출가하여
통찰을 닦아 연각불이 되었습니다.
그리고 그 감흥을 이 시로 읊었다고 전해지고 있습니다.

제22장

세상의 바람에서 벗어나 혼자서 가라

탐욕 없이, 속임 없이, 갈망 없이,
위선 없이, 혼탁과 미혹을 태워버리고
세상의 온갖 바람에서 벗어나
코뿔소의 외뿔처럼 혼자서 가라

해설

거의 모든 사람이 가지고 있는
세상적인 바람과 욕망을 벗어나
진정한 자유와 해탈을 위해
굳건한 마음으로 정진하라는 말씀입니다.

이 말씀은 출가 수행자들에게 하시는 말씀입니다.

연원

이 시는 이름이 밝혀지지 않은 한 연각불에 대한 것입니다.

한때에 베나레스의 왕의 요리사가 있었습니다.
그는 맛있는 과자를 만들어 왕에게 드리고 왕이 상을 주기를 바랐습니다.

그 과자는 향내만으로도
왕이 먹고 싶은 기분을 내게 만들었고,
입에 침이 고이게 했는데,
한 입을 먹기만 해도 온갖 미각을 만족시켰습니다.

왕도 상을 주고 싶었지만 만약 상을 주면 왕이 맛있는 것에 빠져 있다는 비난을 받을까 염려해 상을 주지 않았습니다.

요리사는 왕이 상을 주지 않자 왕은 맛있는 것을 모른다고 생각하고 다음 날에는 맛없는 음식을 올렸습니다.

왕은 맛없는 음식을 먹고는 요리사를 꾸짖으려고 생각하다가 그에 따른 비난을 받을까 두려워서 참았습니다.

그러자 그 요리사는 음식비용을 모두 가로채고 왕에게는
거칠고 막된 음식만을 제공했습니다.

왕은 요리사가 돈을 가로챘다는 사실을 알고
나는 2만의 도시를 지배하고 있는 사람인데도
요리사의 탐욕 때문에 식사를 할 수 없으니
한심하다고 생각해 왕위를 버리고 출가하여
통찰을 닦아 연각불이 되어 그 감흥을
이 시로 읊은 것이라고 전해지고 있습니다.

제23장
사악한 친구를 멀리하라

유익함을 보지 못하여
그릇된 행동을 일삼는 사악한 친구를 멀리하라
사견에 빠져 방일한 사람을 가까이하지 말고
코뿔소의 외뿔처럼 혼자서 가라

해설

어떤 것이 자기에게 진짜로 좋은 것인지 알지 못하고

우선 자기에게 잘 하는 것처럼 보이면서
실제로는 잘못된 행동을 일삼는 못된 친구를 멀리하라고
합니다.

이렇게 자기의 그릇된 생각에 빠져서
제멋대로 행동하는 사람을 가까이하지 말고,

코뿔소의 외뿔처럼 혼자서 가라고 하십니다.

연원
이 시는 이름이 알려지지 않은 한 연각불이 지었습니다.

한 베나레스의 왕은 어느 날 도성을 돌다가 사람들이 창고에서 오래된 곡물을 밖으로 운반하는 것을 보고 "어찌된 일인가" 물었습니다.
대신들은 새로운 곡물이 들어와 오래된 것을 버리는 것이라고 대답했습니다.

왕은 후궁이나 군대 등을 위해 써야 할 비용이 충분하냐고 묻자 대신들은 충분하다고 대답했습니다.

왕은 "그렇다면 곡물을 버리지 말고 보시당을 만들어서 보시(普施)하라"고 명령했습니다.

그러나 대신들은 "보시는 없다"며
어리석은 사람이나 현명한 사람이거나 물려받거나(유전) 삶이 반복되는 과정에서 괴로움이 끝나는 것이라고 주장했습니다.
다시 말하면 복을 지으려 할 필요가 없다고 한 것입니다.

왕은 두 번 세 번 명령했으나 대신들은
"보시는 어리석은 자가 하는 것이다"라고 주장하며
명령에 따르지 않았습니다.

왕은 자신이 갖고 있는 것도 보시할 수 없는 것을 아쉬워
하며 사악한 대신들을 개탄하여, 세상을 싫어하게 됐습니다.

이에 왕는 왕위를 버리고 출가해 통찰을 닦아 연각불이 되
었습니다.
이 연각불이 된 감흥으로 이 시를 지은 것으로 전해지고
있습니다.

제24장

고매하고 현명한 친구와 사귀라

널리 배워 가르침을 새길 줄 아는
고매하고 현명한 친구와 사귀어라
유익한 길을 분명히 알아 의혹을 제거하고
코뿔소의 외뿔처럼 혼자서 가라

해설

높고 뛰어나고 지혜롭고 사리에 밝은 사람이면서
널리 배워 가르침을 새길 줄 아는 사람과 사귀라고 말씀하
십니다.

널리 배워 가르침을 새길 줄 아는 사람이란 많이 배우고,
배운 가르침을 마음에 챙기는 사람을 말합니다.
이런 사람을 사향사과(四向四果)에 통달한 사람이라고도
합니다.

사향사과란 아라한과(阿羅漢果)에 이르는 수행의
4가지 목표이고, 그 목표에 도달한 4가지 경지를 말합니
다.

이런 사람을 사귀어서 정말로 자기에게 이로운 길이
어떤 길인지를 분명하게 알아서 이것일까 저것일까? 등
오락가락하는 마음을 버리고
코뿔소의 외뿔처럼 혼자서 가라고 말씀하십니다.

염원
이 시는 쑤따브라흐마닷따라는 이름의 연각불이 지은 것
입니다.

과거불인 깟싸빠 부처님 시대에 여덟 명의 연각보살이 있
었는데, 천계에 태어나 2만 년 동안 수행하다가 죽었습니다.

그중 가장 나이 많은 사람이 베나레스의 왕으로 태어났고,
다른 일곱 명도 작은 나라의 왕으로 태어났습니다.

작은 나라 왕으로 태어났던 일곱 명은 명상 수행을 배워
왕위를 버리고 출가하여 연각불이 되었습니다.

그들은 전생을 기억하고는 자신의 도반이 베나레스의 왕이 된 것을 알고는 그를 찾아갔습니다.

한편 베나레스의 왕은 어느 날 밤중에 악몽에 세 번 놀라 경악하며 비명을 지르고 왕궁의 옥상으로 피신했습니다.
왕은 왕궁의 옥상에 설치된 계단에 연각불들이 있는 것을 보고
"그대들은 어떠한 자들인가?"라고 묻자
그들은 "많이 배운 자"라고 대답했습니다.

왕은 "나는 쑤따브라흐마닷따인데 그대들은 많이 배운 자라고 하니 남을 가르치기도 하느냐"고 물었습니다.
연각불들은 "정법을 가르친다"고 말했습니다.

왕은 "나는 여러 가지 이야기를 들어도 만족하지 못하지만 그대들은 정법을 가르친다니 무엇을 가르치는지 듣고 싶다."고 말하면서 공양을 대접했습니다.
그러자 일곱 명의 연각불들은 차례로 각각 탐욕, 분노, 어리석음, 윤회의 길, 윤회, 집착, 갈애가 소멸해야 한다고 법을 설했습니다.

왕은 각각의 연각불의 가르침의 의미를 고찰하여 서로 연관되어 있음을 파악하고는 많은 말을 하지는 않았지만, 그들

의 말이 마치 허공이나 대지를 가리키는 것과 같아 한량없는
의미를 함축한 것을 발견했습니다.

  그래서 자신도 '많이 배운 자'가 되기 위해 왕위를 버리고
출가하여 통찰을 닦아 깨달음을 얻어 연각불이 되어 그 감흥
으로 이 시를 읊었다고 전합니다.

경주 백률사 금동약사여래입상 측면 ⓒ 문화재청

제25장
꾸미지 말고 진실을 말하라

세상의 유희, 오락이나 감각적 쾌락에
만족하지 말고 관심도 두지 말고
꾸밈을 여의고 진실을 말하면서
코뿔소의 외뿔처럼 혼자서 가라

해설

이 말씀은 수행자들에게 하신 말씀입니다.

세상의 쾌락을 탐닉하지 말고, 세상일에 관심도 두지 말고,

잘난 체하거나 잘 아는 체하지 말며 사실은 그대로 말하면서

코뿔소의 외뿔처럼 당당하게 혼자서 살라는 것입니다.

연원

이 시는 비부싸까 브라흐마닷따라는 이름의 연각불이 지은 것입니다.

베나레스의 왕이었던 그는 아침 일찍 죽과 밥을 먹고, 여러 가지 장신구로 몸을 장식하고, 커다란 거울에 자신을 비추어 보고 마음에 들지 않는 것은 제거하고 점차 다른 장신구를 가지고 몸을 치장했습니다.

다음 날에도 그 다음 날에도 그렇게 했습니다.
그런 왕의 등 가운데 병이 생겼습니다.

왕은 전력을 다해 몸을 장식해도 병이 생긴 이유를 생각했습니다.
원인이 탐욕이라고 결론을 내리고 탐욕을 제거하기 위해 왕위를 버리고 출가하여 통찰을 닦아 연각불이 되어 그 감흥으로 이 시를 읊은 것으로 전해지고 있습니다.

제26장

모두 버리고 혼자서 가라

자식과 아내, 아버지와 어머니
재산도 곡식도, 친지들도
모든 감각적 쾌락의 경계까지도 다 버리고
코뿔소의 외뿔처럼 혼자서 가라

해설

이 말씀은 출가 수행자들에게 하는 말씀입니다.
세상의 모든 것을 버리고 오직 수행하는 데 전념하라는 말씀입니다.

그러나 그렇게 수행해서 원하는 깨달음을 얻으면
그것이 자식과 아내 부모에게 좋은 일일 뿐 아니라
세상 모든 것들에게 유익한 일이 될 것입니다.

그래서 버리라고 하셨지만 그 말씀 속에는

버려서 더 크고 완벽한 것을 얻으라는 가르침이 있습니다.

염원

이 시는 이름이 알려지지 않은 한 연각불이 지은 것입니다.

과거불인 깟싸빠 부처님 시대에 그는 수행승으로서 2만 년 동안을 숲속에서 살았습니다. 그러고 나서 베나레스의 왕의 아들로 태어났습니다.

아버지가 죽자 왕이 되어 수도인 베나레스와 함께 2천 개의 도시를 다스렸습니다. 그러나 조용히 '두루채움의 수행'을 좋아하고, 홀로 명상하기를 좋아해서 왕궁 높은 누각에 올라서 세안을 하고 이쑤시개를 가져오고 음식을 운반하는 하인 이외에는 누구도 접근하지 못하게 했습니다.

어느 날 그는 '내가 왕국을 통치하면서 많은 사람들을 괴롭히고 있다'고 생각했습니다.

그리고 내가 하루에 한 끼를 먹는다면 많은 사람들을 좀 더 편하게 할 수 있을 것이라고도 생각했습니다.

그래서 큰 복을 지어 보고 싶은 생각에 왕위를 버리고 출가하여 통찰을 닦아 연각불이 되었고, 그 감흥으로 이 시를 지었다고 전해지고 있습니다.

국보 아미타삼존도 ⓒ 문화재청

제27장

세상에는 진정한 행복이 없다

이것은 집착이다. 여기에는 행복이 없다
이곳에는 만족은 적고 괴로움이 많다
현자는 이것이 낚싯바늘이라고 알아
코뿔소의 외뿔처럼 혼자서 간다

해설

세상일은 집착이고, 세상에는 행복이 없다는 것입니다.
그리고 세상에는 만족은 적고 괴로움이 많다고 합니다.

현명한 사람에게는 세상의 즐거운 일이
물고기에게 낚싯바늘처럼
죽음으로 가는 길이라고 알아서
코뿔소의 외뿔처럼 혼자서 간다는 것입니다.

염원

이 시는 베나레스의 왕이었던 브라흐마닷따라는 연각불이 지은 것입니다.

그가 왕이었을 때 아침 일찍 죽과 밥을 먹고는 세 곳에 가서 세 가지 무용극을 보았습니다. 그 무용극은 옛 왕부터 전해진 것이었습니다.

무희들은 왕을 기쁘게 해주려고 많은 노력을 했지만 왕은 만족하지 못했습니다.

왕은 무희들이 노력해도 만족하지 못한 것은 자신의 탐욕이 늘어나기 때문이라는 것을 알았습니다.
그리고 탐욕은 고통의 세계로 이끄는 것이라고 생각했습니다.

그래서 왕은 탐욕을 없애겠다는 마음으로 왕위를 버리고 출가하여
통찰을 닦아 연각불이 되었고 그 감흥으로
이 시를 읊은 것으로 전해지고 있습니다.

제28장
장애를 끊기 위해 혼자서 가라

물에 사는 물고기가 그물을 찢는 것처럼
모든 장애들을 끊어야 한다
불꽃이 불탄 곳으로 되돌아가지 않는 것처럼
코뿔소의 외뿔처럼 혼자서 가라

해설

물고기가 자유로워지기 위해서는
그물을 찢어 버려야 하는 것처럼
사람이 참 자유를 얻으려면
모든 장애를 없애야 한다고 말씀하십니다.
여기서 장애란 색계와 무색계의 모든 장애를 말합니다.

불꽃이 불에 탔던 곳으로 돌아가려면 덜 탄 것이 있어야
합니다.

그래서 불꽃이 탔던 곳으로 되돌아가지 않으려면

덜 태운 것이 없어야 하는 것처럼 모든 장애를 완전히 끊고

코뿔소의 외뿔처럼 혼자서 가라고 하시는 것입니다.

연원

이 시는 아니밧따 브라흐마닷따라는 연각불이 지은 것입니다.

그는 베나레스의 왕이었습니다.

그는 전투에서 승리하지 못한 일이 없었고, 어떤 일이나 중지하거나 물러나는 일이 없었기 때문에 아니밧따 브라흐마닷따라고 불렀습니다.

그는 어느 날 유원으로 나들이를 하다가 산불이 난 것을 보았습니다.

불은 풀더미를 모두 태우면서 물러남이 없이 전진하고 있었습니다.

왕은 그것을 보고 '산불처럼 열한 가지의 불이 뭇 삶을 불태우며

커다란 고통을 만들며 전진하고 있다'고 생각했습니다.

그리고 자신은 거룩한 길에 대한 지혜의 불꽃으로
모든 번뇌를 태워 버리며 전진하겠다고 생각했습니다.

그런데 잠시 가다가 왕은 고기 잡는 어부들을 보았는데
그물망 가운데 큰 물고기가 그물을 찢고 도망가는 것을 보
았습니다.

왕은 "큰 물고기가 그물을 찢고 도망갔다"는 어부들의 고
함 소리를 들으며 '언젠가 나도 거룩한 길을 지혜로 갈애와
견해의 그물을 뚫고 집착을 끊으리라'라고 생각했습니다.

그래서 왕위를 버리고 출가하여 통찰을 닦아 연각불이 되
었습니다.
그 감흥으로 이 시를 읊었다고 전해지고 있습니다.

제29장

번뇌에 불타지 말라

두 눈을 아래로 숙이며 걷고
경솔하게 걷지 말고
감관을 지키고 정신을 수호하며
번뇌로 넘치거나 번뇌에 불타지도 말고
코뿔소의 외뿔처럼 혼자서 가라

해설

걷는 모습을 말씀하신 것으로 보이지만
사실은 살아가는 모습을 말씀하시는 대목입니다.

두 눈을 숙이고 걸으라는 것은
힘없는 미물을 포함해 나보다 아랫사람을 살피며 살라는
것입니다.

경솔하게 걷지 말라는 것은 신중하게 살라는 것이고

감관을 지키고, 정신을 수호하며 걸으라는 것은

괴로움의 근본인 오온이 이탈하지 않도록 지키고 의지를 굳건히 살라는 것입니다. 그리고 번뇌를 극복하고 코뿔소의 외뿔처럼 혼자서 가라는 것입니다.

연원

이 시는 짝꿀롤라 브라흐마닷따라는 연각불이 지은 것입니다.

그는 베나레스의 왕이었습니다. 그는 빠달롤라 브라흐마닷따 왕처럼

연극을 관람하는 데 열중했습니다.

그는 만족하지는 못하면서도 여기저기 연극을 관람하러 다녔습니다.

이것저것을 보고 기뻐하면서 연극에 등장하는 장면을 통해 갈애가 늘어났습니다.

그러던 어느 날 연극을 보러온 자산가의 아내를 보고 탐욕을 품었습니다. 그러나 곧 두려운 마음을 일으켜 '내가 갈애를 늘리면, 괴로운 세계를 만족시키는 사람이 될 것이다.

그러니 갈애를 제거하자'라고 생각하여 왕위를 버리고
출가하여 통찰을 닦아 연각불이 되었습니다.
그 감흥으로 이 시를 읊은 것으로 전해지고 있습니다.

갈애(渴愛)란 번뇌에 얽매여 사는 사람이 목마르게 오욕에
집착하는 것입니다.

의성 고운사 석조여래좌상   ⓒ 문화재청

제30장

재가자의 모습을 버려라

잎들이 떨어진 산호나무처럼
재가자의 모든 특징을 버리고
출가하여 가사를 걸치고
코뿔소의 외뿔처럼 혼자서 가라

해설

꽃과 잎이 무성해 아름다웠던 산호나무와
꽃과 잎이 모두 없어지고 앙상하게 가지만
남은 산호나무를 보면서 사람들의 욕망이
사람을 저렇게 만들 수 있겠구나 하고 생각합니다.

그래서 욕망이 없는 출가 수행자가 되어
아무것도 가진 것 없이 가사 하나만 걸치고
탁발해 생명을 유지하면서

코뿔소의 외뿔처럼 혼자서 가라고 합니다.

수행자들에게 주는 견책의 말씀입니다.
이렇게 사는 것이 출가 수행자의
참 모습이라는 가르침도 있습니다.

이 말씀을 옮기면서 현재 우리나라 불교
수행자들의 모습을 생각해 봅니다.

연원
이 시는 짜뚜마씨까 브라흐마닷따라는 연각불이 지은 것
입니다.

그는 베나레스의 왕이었습니다. 그는 4개월마다 한 번씩
유원으로 행락을 떠났습니다. 여름 어느 날 왕은 유원으로
나들이를 갔다가 유원 입구에 만개한 산호나무에서 꽃을 한
송이 꺾었습니다.

그것을 보고 대신들도 코끼리를 탄 채 한 송이씩 꺾었고
병사들도 한 송이씩 꺾었습니다. 꽃이 모두 꺾여 없게 되자
나뭇잎을 꺾었습니다.
마침내 산호나무는 줄기만이 남게 되었습니다.

저녁 무렵 왕이 궁으로 돌아가는 도중에 줄기만 남은 나무를 보고 "어찌된 일이냐"고 물었습니다.

자초지종을 들은 왕은 꽃이 사람들의 탐욕을 일으켜 순간적으로 파멸에 이른 것이라고 생각했습니다.

그리고 왕국도 꽃이 핀 나무와 같아 탐욕의 대상이고, 수행승은 꽃이 없는 나무와 같아 탐욕의 대상이 아니라고 생각했습니다.

그래서 왕위를 버리고 출가하여 통찰을 닦아 연각불이 된 다음 그 감흥으로 이 시를 읊은 것으로 전해지고 있습니다.

제31장

마음 묶이지 말고 혼자서 가라

모든 맛에 탐착하거나 동요하지 않고
부양해야 하는 동료 없이
집마다 차례로 밥을 빌되
이 집이나 저 집에 마음 묶이지 말고
코뿔소의 외뿔처럼 혼자서 가라

해설

이 말씀은 당시 탁발에 대해 하신 말씀이면서
현재 우리나라 불교의 현실을 돌아보게 하는 견책입니다.

시고 달고 쓰고 매운 맛 등 어떤 맛에 상관하지 말고,
가족 등 먹여 살려야 할 사람 없으니
주는 대로 받아야 하고,
잘살고 못살고 가리지 말고,

차례로 밥을 얻으라고 했습니다.

이 집은 이렇고 저 집은 저렇고 생각하지 말고
평등하게 그리고 당당하게 밥을 빌라는 것입니다.

당시 모든 수행자는 탁발해서 먹고 살았습니다.
그리고 탁발은 단순히 밥을 비는 구걸 행위가 아니었습니다.
탁발을 통해 복을 짓는 기회를 주기 위한 것이었습니다.

그래서 탁발할 때는 빈부귀천을 가리지 않고
무조건 일곱 집까지만 탁발해야 했습니다.

만약 일곱 집을 가기 전에 먹을 만큼 얻었으면
더 이상 탁발하지 않았습니다.

그리고 일곱 집을 다 갔지만
먹을 만큼 밥을 빌지 못했더라도
더 이상 탁발하지 않았습니다.

이같은 탁발의 전통은 무소유(無所有)
정신을 나타낸 것입니다.

염원

이 시는 이름이 알려지지 않은 한 연각불이 지은 것입니다.

그가 베나레스의 왕이었을 때 대신들과 왕자들을 거느리고

유원 가운데 있는 한 석축으로 이루어진 연못을 찾았습니다.

왕의 요리사가 갖가지 고기 맛을 내어 감로 같은 음식을 왕에게 올렸습니다. 왕은 거기에 탐심을 일으켜 누구에게도 주지 않고 혼자서 먹었습니다. 옆 사람은 생각지 않고 허겁지겁 먹었습니다.

그러던 어느 날 혼자만 허겁지겁 먹었던 것을 후회했습니다.

그것은 하찮은 음식 맛 때문이란 것을 알고 출가해 욕심을 버리겠다고 생각했습니다.

그래서 왕위를 버리고 출가하여 통찰을 닦아 연각불이 된 다음에 그 감흥을 이 시로 읊었다고 전합니다.

제32장
집착 없이 갈애의 허물을 끊어라

마음의 다섯 가지 장애를 끊고
모든 사소한 번뇌를 잘라 버려서
집착 없이 갈애의 허물을 끊어
코뿔소의 외뿔처럼 혼자서 가라

해설

다섯 가지 장애란 깨달음을 방해하는
다섯 가지 마음 상태를 말합니다.

첫째는 감각적 쾌락의 욕망입니다.
색 성 향 미 촉에 대한 욕망이라 할 수 있습니다.

두 번째는 분노입니다. 불과 끓는 물에 비유되기도 합니다.

여기에는 증오, 화냄, 원한, 혐오 등을 포함하고 있습니다.

세 번째는 해태(懈怠)와 혼침(昏沈)입니다.
해태는 정신이 둔한 것이고 혼침은 마음이 졸리는 것처럼 맑지 못한 것을 말합니다. 이끼 낀 물에 비유합니다.

네 번째는 흥분과 회한입니다. 파도치는 물결에 비유합니다.
흥분은 마음의 불안정을 의미하고,
회한은 후회와 그 후회에 따른 근심을 말합니다.

다섯 번째 의심입니다. 흙탕물에 비유합니다.
의심은 부정적인 생각을 말합니다. 신뢰가 부족한 것입니다.

위에 설명한 다섯 가지 마음의 장애를 끊어 버리고 그 외 사소한 번뇌를 버려 집착하지 않고 앞에서 말한 오욕의 허물을 없애
코뿔소의 외뿔처럼 혼자서 가라는 것입니다.

뭐하려고 그렇게 해야 하느냐는 질문이 있을 수 있습니다.
깨달음을 얻어 참 행복을 누리려면 그렇게 하라는 것입니

다.

이 시는 이름이 밝혀지지 않은 한 연각불이 지은 것으로 알려지고 있습니다.

그는 한때에 베나레스의 왕이었습니다. 한때 그는 첫 번째 선정을 달성하였기 때문에 선정을 지키기 위해 왕위를 버리고 출가하여 통찰을 닦아 연각불이 된 다음 그 감흥으로 이 시를 읊은 것으로 알려지고 있습니다.

제33장

만족도 버리고 불만도 버려라

이전의 즐거움과 괴로움
만족과 불만을 벗어버리고
청정하고 고요한 평정함으로
코뿔소의 외뿔처럼 혼자서 가라

해설

지난날의 즐거움과 괴로움, 만족과
불만 등을 모두 버리라고 하십니다.
괴로움이나 불만족만 버리는 것이 아니라
즐거움도 그리고 만족도 버리라는 것입니다.
지난날에 얽매어 있지 말라는 말씀입니다.

그리고 맑고 밝고 고요하며 차분한 마음으로
코뿔소의 외뿔처럼 혼자서 가라고 하십니다.

연원

이 시는 이름이 밝혀지지 않은 한 연각불이 지은 것으로 알려져 있습니다.

그가 베나레스의 왕이었을 때, 네 번째 선정에 들었습니다.

네 번째 선정이란 맑고 밝고 고요하며 차분한 마음이 되는 것입니다.

그래서 그 네 번째 선정을 지키기 위해 왕위를 버리고 출가하여 통찰을 닦아 연각불이 되었고 그 감흥으로 이 시를 읊은 것으로 전해지고 있습니다.

제34장

깨달으려면 나태하지 말라

최상의 진리를 성취하려면
마음에 나태 없이 부지런히 살며
확고한 믿음과 견고함으로 정진하기를
코뿔소의 외뿔처럼 혼자서 가라

해설

최상의 진리를 성취한다는 것은 깨달음을 얻는 것을 말합
니다.

깨달음을 얻기 위해서는 확고한 믿음을 갖고 흔들림 없는
신념으로 부지런히 정진해야 한다는 것입니다.

여기서 믿음이란 부처님을 믿는 것이 아니라 부처님의 말
씀이 깨달음을 얻는 데 가장 높고 옳으며 확실하다는 것을
믿는 것입니다.

그리고 믿음과 신념을 갖고 정진하는 것이 다른 것을 위한 것이 아니라 자기를 위해 해야 한다는 말씀입니다.

염원

이 시는 이름이 밝혀지지 않은 한 연각불이 지은 것으로 전해지고 있습니다.

어떤 변경지방의 왕은 천 명밖에 안 되는 작은 군대를 거느렸으나 지혜가 출중했습니다.

그는 '내가 지혜를 갖고 있다면 작은 군대를 갖고도 전 인도를 지배할 수 있을 것이다'라고 생각했습니다.

그는 어느 날 이웃 나라의 왕에게 사신을 보내 "7일 이내에 왕국을 넘겨주던가 아니면 전쟁을 하자"고 통보했습니다.

그리고 왕은 대신들을 소집해 의견을 물었습니다.
대신들은 모두 두려워 떨며 다른 사람에게 죽기보다는 자결하겠다며 난리를 피우며 전쟁을 반대했습니다.

그러자 왕은 병사들에게 물었습니다.
천 명의 병사들은 우리는 전사라며 용감하게 싸우겠다고 했습니다.

왕은 그렇게 말하는 병사들을 시험하고 싶었습니다.

그래서 화장할 때 쓰는 땔나무와 불을 준비하고는 "나는 위험한 일을 시도하고 있다. 대신들이 나를 비난하고 있다. 그래서 나는 화장하는 땔나무의 불에 뛰어들 것이다. 누가 나와 함께 불에 뛰어들 것인가? 누가 나를 위해 목숨을 버릴 것인가?"라고 외쳤습니다.

그러자 오백 명의 전사가 나섰습니다.

그리고 나머지 오백 명은 "그냥 죽은 것은 남자의 할 일이 아니라 여자의 할 일입니다. 우리를 싸움터에 보내면 우리는 왕과 함께 싸우다가 죽을 것입니다." 라고 대답했습니다.

전쟁이 시작되자 천 명의 군대를 코끼리, 기마, 전차, 보병 등 4군으로 나누어 국경에 포진시켰습니다.

이웃 나라 왕은 그 소식을 듣고 "천 명의 군대로는 우리 노예들도 당해 낼 수 없을 것이다"고 무시하며 군대를 진격시켰습니다.

이 전쟁에서 왕은 큰 나라의 왕을 사로잡아 부하로 만들었습니다.

이런 방식으로 왕은 차례로 이웃 나라를 공격해서 베나레스를 포함한 전 인도를 통치했습니다.

그러나 왕은 그것이 세속적인 것임을 알게 되었습니다.
그래서 지혜로 욕망을 떠나는 법을 구하기 위해 왕위를 버리고
출가해 통찰을 닦아 연각불이 되었습니다.
그 감흥으로 이 시를 읊은 것으로 전해지고 있습니다.

국보 금동미륵보살반가사유상 ⓒ 문화재청

제35장

존재들 속에 위험을 알아라

홀로 앉아서 하는 선정을 버리지 말고
모든 일에 항상 법답게 행하며
존재들 가운데 위험을 똑바로 알아
코뿔소의 외뿔처럼 혼자서 가라

해설

홀로 앉아서 하는 선정을 잊어버리지 말고 어떤 일을 하든
지 항상 선정의 상태를 유지하며 항상 변하는 존재들과 부딪
힐지도 모르는 위험을 똑바로 알아서 코뿔소의 외뿔처럼 혼
자서 가라고 하십니다.

연원

이 시는 이름이 알려지지 않은 연각불이 지은 것으로 알려
져 있습니다.

한때 베나레스의 왕이었던 그는 첫 번째 선정을 달성하고 그 선정을 지키기 위해 왕위를 버리고 출가하여 통찰을 닦아 연각불이 되어 그 감흥으로 이 시를 읊은 것으로 알려지고 있습니다.

제36장

마음챙김을 확실히 하라

갈애를 없애기 위해 나태하지 말고
바보가 되지 말고, 배우고, 마음 챙김을 확립하고,
가르침을 헤아려 단호히 정진하면서
코뿔소의 외뿔처럼 혼자서 가라

해설

갈애는 목마를 때 물을 찾듯 지극히 원하는 색욕, 재물욕,
음식욕, 명예욕, 수면욕 등 5가지 욕망을 말합니다.

이 갈애를 없애기 위해서는 게으르지 말고, 바보가 되지
말고 끊임없이 배우는 등, 자기 마음을 객관적으로 바라보아
야 한다는 것입니다.

갈애를 없앤다는 것은 깨달음을 얻는 일이고

곧 행복해진다는 말입니다.
자기 마음을 객관적으로 바라본다는 것은
요즘 말로 하면 참선이나 명상을 하라는 말입니다.

그리고 석가모니 부처님께서 우리에게 주는 가르침의 핵심을 알아서 코뿔소의 외뿔처럼 혼자서 정진하라고 하십니다.

연원
이 시는 이름이 밝혀지지 않은 한 연각불이 지은 것으로 전해지고 있습니다.

그는 베나레스의 왕이었는데 어느 날 도성 밖을 순시했습니다.
사람들은 그 화려한 왕의 모습을 바라보았습니다.

그중에 한 여인이 이층집 창문을 열고 왕을 보고 있었습니다.
왕은 그녀를 보고 마음을 빼앗겨 그녀가 독신인지를 물었습니다.
대신이 임자가 있는 여인이라고 대답했습니다.

이 말을 들은 왕은 "나는 2만 명의 무희들이 천녀처럼 꾸

미고 나를 기쁘게 하고 있다. 그러나 오늘 나는 그녀들에게
만족하지 못하고 다른 여인에게 연정을 품고 있다.

  그러나 그것은 괴로운 세계로 이끄는 것이다."고 생각하여
  갈애를 제거하기 위해 왕위를 버리고 출가하여
  통찰을 닦아 연각불이 되었고
  그 감흥으로 이 시를 읊은 것으로 전해지고 있습니다.

익산 연동리 석조여래좌상   ⓒ 문화재청

제37장
소리에 놀라지 않는 사자같이

소리에 놀라지 않는 사자같이
그물에 걸리지 않는 바람같이
물에 때묻지 않은 연꽃같이
코뿔소의 외뿔처럼 혼자서 가라

해설

"숫타니파타" 중에서 가장 많이 알려진 구절이고
가장 인기 있는 시입니다.

이 시에서 소리에 놀라지 않는다는 것은 비난하는 소리,
칭찬하는 소리, 시기하는 소리 등을 말합니다.

그리고 놀라지 않는다는 것은 마음이 흔들리지 않는다는
것입니다.

그물에 걸리지 않는다는 것은 자유롭다. 얽매이지 않는다는 것입니다.

돈에 얽매이고, 지위에 얽매이고, 몸에 얽매이고, 사랑에 얽매이고, 미움에 얽매이고, 마음에 얽매이지 말라는 것입니다.

그리고 진흙에 물들지 않는다는 것은 유혹에 넘어가지 않는다는 것입니다. 많은 사람들은 좋지 않은 일에는 휩쓸리면서도 선한 일 착한 일에는 본체만체합니다. 그러지 말라는 것입니다.

그리고 결국 혼자임을 깨달으라는 말씀입니다.
먹는 것도 내가 하고, 아픈 것도 내가 하고,
괴로운 것도 다른 사람이 대신하지 못합니다.

그렇기 때문에 자기는 자기 책임으로 자기가 살아야 합니다.
자기가 자기의 주인이 되어 살라는 것입니다.

종으로 살면 우선 편할 것입니다.
주면 주는 대로 받아먹고, 하라고 하면 할 수 있는 데까지 하면 되고, 하지 말라면 안 하면 되고, 오라면 오고 가라면

가면 되기 때문에 편하다는 것입니다.

그러나 내가 주인으로 내 삶을 살아가려면
첫 번째 나를 알아야 합니다.
두 번째 내가 내 삶을 결정해야 합니다.
그래서 종으로 살 때보다 더 위험할 수 있습니다.
거기다 종으로 사는 것보다 더 괴로울 수 있습니다.
그러나 그것은 잠시일 뿐 진정한 행복은
자기가 주인일 때 누릴 수 있는 것입니다.

내가 주인이 되면 삶의 의미를 알게 되고 삶의 보람도 느끼게 됩니다.
그리고 일시적인 쾌락이 아닌 진정한 행복을 누리게 됩니다.

우리 전라도 속담에 "먼바우 나주 장에 간다"는 말이 있습니다.
왜 가는지? 가서 무엇을 해야 할지 모르고 그냥 가는 것을 말합니다.
우리는 지금 그렇게 사는 것은 아닐까요?

사는 것이 조금 어렵더라도 주인으로 주인 행세를 하면서
내 뜻대로 내 책임으로 살아보시지 않으시렵니까?

연원

이 시는 이름이 밝혀지지 않은 한 연각불이 지은 것입니다.

그는 한때에 베나레스의 왕이었습니다.
그는 유원에서 하룻밤을 보냈습니다. 아침 일찍 일어나
물이 있는 곳을 찾아 세수를 하려고 했는데,
그곳에 사자 새끼 한 마리가 혼자 있었습니다.
암사자가 새끼를 낳고는 먹이를 구하러 자리를 비우고 있었기 때문이었습니다.
왕의 부하가 이것을 보고 왕에게 "사자의 새끼가 있다"고 말했습니다.

왕은 '사자 새끼는 어떠한 것도 두려워하지 않는다.'는 것을 시험하고 싶었습니다. 그래서 큰북을 두드렸습니다. 사자 새끼는 그 소리를 듣고도 똑같이 누워 있었습니다. 세 번 큰북을 울렸으나 마찬가지였습니다.

그래서 왕은 어미가 오기 전에 그곳을 떠나며 '언젠가는 나도 갈애나 견해의 두려움이 생겨나더라도 겁먹거나 두려워하지 않을 것이다'라고 생각하며 명상하다가 고기 잡는 어부를 만났습니다.

어부가 그물에 걸린 물고기를 잡으려고 그물을 나뭇가지에 걸었습니다. 그런데 바람이 그물에 걸리지 않고 지나가는 것을 보았습니다.

이것을 본 왕은 언젠가 나도 갈애나 견해나 어리석음의 그물에 걸리지 않고 갈 것이라고 생각하면서 연못가에 돌로 쌓아 만든 담장 위에 앉았습니다.

그는 바람이 불어 연꽃이 흔들리다가 물에 닿았는데도 물이 묻지 않는 것을 보고 '나도 세상에 태어났지만 세상에 오염되지 않을 것이다'라고 생각했습니다. 그래서 왕위를 버리고 출가하여 통찰을 닦아 연각불이 되어 그 감흥으로 이 시를 읊은 것으로 전하고 있습니다.

제38장

스스로 힘을 키워라

이빨이 억세 뭇 짐승의 왕이 된 사자가
뭇 짐승을 제압하고 승리하듯
외딴 곳에 잠자리와 앉을 곳을 마련하고
코뿔소의 외뿔처럼 혼자서 가라

해설

이빨이 억세다는 말은 힘이 세다 또는 소리가 크다는 뜻입
니다.

힘이 세기 때문에 짐승의 왕이 된 사자가 모든 짐승을 이
기는 것처럼

외딴곳에 잠자리나 앉을 곳을 마련하고 탁발로 먹을 것을
해결하면서

스스로 힘을 키우기 위해 코뿔소의 외뿔처럼 혼자서 가라
는 것입니다.

연원

이 시는 이름이 밝혀지지 않은 한 연각불이 지은 것으로 알려지고 있습니다.

그는 한때 베나레스의 왕이었습니다. 그는 변경 지방의 반란을 진압하기 위해 대군을 거느리고 이 마을에서 저 마을로 가고 있었습니다.

숲속 길로 접어들었을 때 사자가 아침 태양 빛을 받으며 잠자고 있는 것을 보았습니다.

왕은 '사자는 어떠한 소리도 두려워하지 않는다고 알고 있었기 때문에 큰북과 작은북을 두드려 큰 소리를 내게 했습니다.

2번까지 꿈쩍하지 않던 사자는 세 번째 소리를 듣고는 네 발로 서서 사자후를 냈습니다.

사자후를 들은 코끼리나 말들이 모두 도망을 쳤습니다.

왕의 코끼리도 왕을 태운 채 총림을 밟으며 도망갔습니다.

왕은 나뭇가지에 걸려 땅에 떨어졌습니다. 방향을 잃은 왕은 오솔길을 헤매다가 연각불이 사는 곳에 이르렀습니다.

왕은 연각불에게 "어떤 소리를 듣지 못했는가"하고 물었습니다.

연각불은 "처음에는 북소리 다음에는 사자후를 들었다"고 말했습니다.

왕이 "무섭지 않았느냐?"고 물었습니다.

연각불은 "어떠한 소리도 두려워하지 않는다"고 말했습니다.

왕은 "나도 그렇게 될 수 있는가?"하고 물었습니다.

연각불은 출가 수행하면 그렇게 된다며 출가를 권유했습니다.

왕은 출가하여 통찰을 닦아 연각불이 되었습니다.

그리고 그 감흥을 이 시로 읊은 것으로 전해지고 있습니다.

제39장
세상 모든 것들의 방해를 받지 말라

해탈로 이끄는 자애와 연민과
기쁨과 평정을 올바로 실천하며
모든 세상으로부터 방해받지 않고
코뿔소의 외뿔처럼 혼자서 가라

해설

해탈 즉 참 자유, 깨달음으로 가려면 자애와 연민과 기쁨과 평정을 올바로 실천하면서 세상 모든 것들로부터 방해받지 않고 코뿔소의 외뿔처럼 혼자서 가라고 말씀하십니다.

올바른 때 실천해야 한다고 말씀하시는데 그 올바른 때가 언제일까 생각해 봅니다.

상황에 맞는 때일 것입니다. 정해지지 않았지만 어떤 일이

든 해야 할 때가 있습니다. 그때가 올바른 때일 것입니다.

연원

이 시는 이름이 밝혀지지 않은 한 연각불이 지은 것으로 전해지고 있습니다.

어떤 왕이 있었는데 그는 자애로웠고 명상으로 선정을 닦았습니다.
어느 날 그는 '왕위는 선정을 닦는 데 방해가 된다'고 생각했습니다.

그는 선정을 수호하기 위해 왕위를 버리고 출가하여 통찰을 닦아
연각불이 되었고, 그 감흥을 이 시로 읊었다고 전합니다.

제40장

목숨을 잃어도 두려워하지 말라

탐욕과 성냄과 어리석음을 버리고
모든 장애들을 부수고
목숨을 잃더라도 두려워 말고
코뿔소의 외뿔처럼 혼자서 가라

해설

특별히 설명할 필요가 없을 정도로 너무 쉬운 말씀입니다.
그러나 실천하기는 어려울 것입니다.

가르침을 듣고 보고 느끼는 것으로는 아무것도 얻을 수 없습니다.
실제 행동으로 옮겨야 합니다. 다른 말로 실천해야 합니다.

염원

이 시는 마땅가라는 연각불이 지은 것으로 전해지고 있습니다.

그는 라자가하 근처에 살았는데, 연각불 가운데 최후의 사람으로 알려지고 있습니다.

보살(釋尊)이 세상에 출현할 때에 많은 신들이 보살에게 공양을 바치려고 와서는 그 연각불을 보고는 "벗이여, 부처님이 출현한다."라고 말했습니다.

그는 멸진정에서 나와 그 소리를 듣고 자신의 목숨이 얼마 남지 않은 것을 알았습니다.

그래서 히말라야의 마하빠빠따로 가서 이전에 입멸한 연각불들의 유골이 쌓여 있는 협곡으로 날아가 평탄한 바위 위에 앉아서 이 시를 읊었다고 합니다.

제41장
자기 이익에만 밝으면 청정하지 못한다

이익을 꾀하여 사귀고 의존하나
이익 없이 사귀는 벗들은 보기 드무네
자신의 이익에만 밝은 자는 청정하지 못하니
코뿔소의 외뿔처럼 혼자서 가라

해설

사람을 사귀고 소통하며 의지하는 것은 자기의 이익을 위한 것이 대부분입니다.

이익을 바라지 않고 사람을 사귀는 사람들은 찾아보기 어렵습니다.

요즘도 그렇습니다.

배우자나 부모 자식 사이에도 그런 모습을 많이 봅니다.

자기에게 이익이 없으면 흔한 전화 한 통화도 하지 않습니다.

그런데 자신의 이익만을 위해 노력하는 사람은 그 마음이 청정하지 못하기 때문입니다.

그리고 마음이 청정하지 못하면 그에 따른 과보를 반드시 받게 됩니다. 그러니 다른 사람에게 기대하지 말고 내가 해야 할 일을 열심히 하며
코뿔소의 외뿔처럼 혼자서 가라고 하십니다.

연원
이 시를 지은 사람은 이름이 알려지지 않은 연각불입니다.

그는 베나레스의 한 왕으로 나라를 번영시키고 있었습니다.
그런데 심한 통증을 수반하는 중병이 들었습니다.

대신들은 왕이 살아날 가망이 없을 것으로 생각하고 다른 나라 왕에게 의탁하려 했으나 다른 왕은 받아주지 않았습니다.

그러는 동안에 왕은 열심히 치료해 건강을 회복했습니다.
그리고 그동안 대신들의 행동을 물었습니다.

다른 왕을 섬기기 위해 다른 나라에 갔다 왔다는 이야기를

들고

'어찌 이럴 수가 있는가'라고 생각해 머리를 흔들었습니다.

왕은, 이들을 다시 시험하려고 다시 아픈 척했습니다.
그런데 대신들은 이전과 똑같은 행동을 했습니다.
세 번째에도 그랬고 네 번째에도 마찬가지였습니다.

네 번째 그들이 돌아오는 것을 보면서 "몹쓸 짓을 한다.
병든 나를 보살피지 않고 가버렸느냐"며 꾸짖었습니다.

그런 다음부터는 세상이 싫어졌습니다.
그래서 왕위를 버리고 출가하여 통찰을 닦아 연각불이 되
었습니다.
그 감흥으로 이 시로 읊은 것으로 전해지고 있습니다.

여기까지 "코뿔소의 외뿔처럼 혼자서 가라"의 말씀을
모두 보았습니다.

이 경을 옮기고 해설하면서 2천 7백여 년 전의 사람 사는
모습이나 지금 우리가 사는 모습이나 크게 다르지 않다는 사
실을 알았습니다.

그리고 앞으로 이어지는 세상도 별로 다르지 않을 것으로

생각하면서 지금 내가 살아 있는 동안에 세상의 실제 모습을
깨달아 후손들의 삶에 도움이 되기를 발원합니다.

코뿔소의 외뿔처럼 혼자서 가라
숫타니파타 '코뿔소의 외뿔경'

초판1쇄 찍은 날 | 2022년 1월 20일
초판1쇄 펴낸 날 | 2022년 1월 25일

엮은이 | 허원당 무진 해설
펴낸곳 | 심미안
등록 | 2003년 3월 13일 제 05-01-0268호
주소 | 61489 광주광역시 동구 천변우로 487(학동) 2층
전화 | 062-651-6968
팩스 | 062-651-9690
전자우편 | simmian21@hanmail.net
블로그 | blog.naver.com/munhakdlesimmian
값 | 10,000원

ISBN | 978-89-6381-379-0 03220

· 잘못된 책은 바꿔드립니다.
· 이 책에 사용된 사진들은 문화재청 국가문화유산포털에서
  무료로 다운받으실 수 있습니다.